Christa von Bardeleben · Airedaleterrier

VDH

Herausgegeben unter dem Patronat
des Verbandes für das Deutsche
Hundewesen e.V., Dortmund

Christa von Bardeleben

Airedaleterrier

Praktische Ratschläge
für Haltung, Pflege und Erziehung

5., überarbeitete Auflage
Mit 51 Abbildungen, davon 9 farbig

Verlag Paul Parey · Hamburg

Die Kapitel „Ernährung" und „Gesundheit" wurden
von Dr. med. vet. Peter Brehm verfaßt.

Weitere Bände in der Reihe „Dein Hund"

Der Afghane und andere orientalische Windhunde · Der Basset · Der Beagle · Bearded Collie · Berner Sennenhunde · Bernhardiner · Der Bobtail · Bouvier des Flandres · Der Boxer · Der Bullterrier · Der Cairn Terrier · Cavalier-King-Charles-Spaniel · Der Chihuahua · Der Chow-Chow · Collie und Sheltie · Der Dackel · Der Dalmatiner · Der Dobermann · Die Dogge · Foxterrier · Golden und Labrador Retriever · Greyhound und andere Windhundrassen · Große Münsterländer · Der Hovawart · Jack-Russell-Terrier · Der Kromfohrländer · Der Leonberger · Der Malteser · Mischlingshunde · Der Mops · Neufundländer · Der Pekingese · Pinscher und Schnauzer · Der Pudel · Der Riesenschnauzer · Der Rottweiler · Der Deutsche Schäferhund · Schlittenhunde · Setter und Pointer · Der Shih-Tzu · Der Spaniel · Der Spitz · Terrier · Ungarische Hirtenhunde · West Highland White Terrier · Der Yorkshire Terrier · Dienst- und Gebrauchshunde · Dein Hund auf Ausstellungen · Erziehung und Ausbildung des Hundes

Die Deutsche Bibliothek – CIP-Einheitsaufnahme

Airedaleterrier : praktische Ratschläge für Haltung, Pflege und
Erziehung / Christa von Bardeleben. – 5., überarb. Aufl. –
Hamburg : Parey, 1995
   (Dein Hund)
   ISBN 3-490-07119-0
NE: Bardeleben, Christa von

1.– 5. Tausend 1982
6.– 9. Tausend 1985 (Neubearbeitung)
10.–12. Tausend 1988
13.–18. Tausend 1990 (Neubearbeitung)
19.–23. Tausend 1995 (Überarbeitung)

© 1995 Paul Parey GmbH & Co. KG, Hamburg
Anschrift: Spitalerstraße 12, D-20095 Hamburg
Satz: Westholsteinische Verlagsdruckerei Boyens & Co., Heide/Holst.
Druck: Druck- + Verlagshaus Wienand, Köln
Umschlaggestaltung: Evelyn Fischer, Hamburg
Printed in Germany
ISBN 3-490-07119-0

Vorwort

Der Airedaleterrier ist ein mittelgroßer, sportlicher, temperamentvoller, stets fröhlicher und unternehmungslustiger Hund. Sein Haarkleid ist rauh und drahtig, leicht gewellt mit schwarzer oder anthrazitfarbener, glänzender Decke und lohfarbener Behaarung am Kopf, an der Brust und an den Läufen. Der Airedale wird regelmäßig alle sechs bis acht Wochen getrimmt und haart nicht. Er ist ein idealer Haus- und Familienhund, liebt und braucht große Spaziergänge bei jedem Wetter und möchte an allen Ereignissen seiner Familie teilhaben. Darüber hinaus eignet er sich hervorragend als Gebrauchshund und kann je nach Veranlagung und Ausbildung für den Leistungssport, die Jagd, als Blindenhund oder Rettungshund und sogar als Schlittenhund geführt werden.

Der Airedale ist ein Hund, der eine lange Entwicklungszeit und Kindheit durchläuft. Er wird erst mit zwei Jahren annähernd erwachsen. Während dieser Zeit braucht er eine großzügige, aber konsequente Erziehung, da er gern mit Charme und Ausdauer versucht, seinen Dickkopf durchzusetzen.

Als gesunder, nicht krankheitsanfälliger Hund kann er Ihnen bei entsprechender Haltung bis ins hohe Alter von oft 12 bis 13 Jahren ein liebenswerter und gutaussehender Begleiter sein.

Ahlen, im August 1982   Christa von Bardeleben

Vorwort zur fünften Auflage

Ich freue mich, Ihnen hiermit die fünfte Auflage des „Airedaleterrier" vorstellen zu können. Insbesondere für unsere neuen Airedale-Besitzer ist es eine willkommene Hilfe bei dem ersten Kontakt mit dieser sympathischen Rasse. Im Anhang werden die Top News des Geschehens um den Airedale besprochen und anhand aktueller Fotos illustriert. Ich wünsche Ihnen viele schöne Jahre gemeinsam mit Ihrem liebenswerten Begleiter, dem Airedale.

Ahlen, im Herbst 1994   Dr. Christa v. Bardeleben

Bildnachweis

Die übrigen Abbildungen stammen von der Verfasserin.

Inhalt

Geschichte und Entstehung

Der Ursprung der Rasse

Der Airedaleterrier ist, sieht man von der Neuzüchtung „Schwarzer Russischer Terrier" ab, der größte unserer Terrier mit einer Schulterhöhe von 56 bis etwa 61 cm. Die Rasse entwickelte sich vor gut hundert Jahren in der englischen Grafschaft Yorkshire. Dort war man bemüht, einen Hund zu züchten, der den speziellen Erfordernissen dieser Gegend entsprach. Gezielt wurden hierfür besonders geeignete, in diesem Landstrich schon vorhandene Rassen und Schläge gekreuzt. Wir können die heute noch vorhandenen vielseitigen Eigenschaften und Anlagen des Airedaleterriers besser verstehen und nutzen, wenn wir uns daran erinnern, wo, von wem und zu welchen Zwecken er ursprünglich gezüchtet wurde.

In der Grafschaft Yorkshire gibt es einen Fluß, die Aire, der in den Penninen, einem 700 m hohen, hügeligen Weidegebiet, entspringt und ein kohlen- und industriereiches Gebiet, das Tal der Aire, durchfließt. Er mündet in die Ouse und ist auf seinen letzten 60 Kilometern schiffbar. Die

Der Airedale um 1900, typisch im Ausdruck und standardgerecht

9

Bewohner dieser Ebene waren in erster Linie Bergleute, Fabrikarbeiter, Farmer, Viehhändler, Fuhrleute und Jäger. Als Städte seien Bingley, Bradfort und Otley erwähnt. Die Bewohner dieser Gegend brauchten einen unkomplizierten, unempfindlichen, harten und geschickten Hund, der vor allem so vielseitig veranlagt sein mußte, daß man ihn problemlos für alle Zwecke anlernen konnte, für die man ihn einsetzen wollte. Diese Hunde mußten sich hervorragend eignen zur Wasserjagd auf Otter und zur Jagd aufs Moorhuhn, auf Fasanen und andere Hühnervögel, zum Schliefen auf Fuchs oder Dachs, zum Erbeuten von Kaninchen, zum Rattenfangen und zum Viehtreiben.

Das Aussehen dieser Hunde war damals noch sehr unterschiedlich in der Größe, in der Haarqualität und Farbe und im gesamten Exterieur. Es gab solche mit spitzem Fang und tiefangesetzten Houndohren, langem Rücken und kurzen Läufen sowie den unterschiedlichsten Proportionen. Es gab weiches und welliges Haar neben dichtem, hartem Haar, das den Witterungsunbilden besser standhalten konnte. Über die Einkreuzung anderer Rassen gibt es einige Anhaltspunkte. So werden vor allem die Otterhound, der Bullterrier, der große Old English Terrier und der alte rauhhaarige Schottenterrier erwähnt. Der kurzhaarige black and tan Collie sowie der Gordonsetter sollen zur Verbesserung der Haarqualität und Farbe, der Nase und der Apportierfreudigkeit benutzt worden sein.

Die Gebrauchstüchtigkeit des Airedaleterriers

Da die Zuchtwahl und Auslese damals nur vom Gebrauchswert eines Hundes und von seinem Erfolg auf sportlichen Vergleichswettkämpfen bestimmt wurden, setzten sich nach und nach die anatomischen Merkmale und Wesensanlagen durch, die es den Hunden ermöglichten, die ihnen gestellten Aufgaben optimal zu erfüllen. So entstand allmählich ein mehr und mehr einheitlicher Typ.

Die Vielseitigkeit und Zuverlässigkeit dieser Hunde erwarben ihnen bald Freunde und Förderer über die Grenzen ihres Ursprungsgebietes hinaus. Man nannte sie „Rough-haired Terrier", „Waterside Terrier", „Working Terrier" oder „Bingley Terrier". Etwa um 1880 nannte der Richter Dr. GORDON STADLES diese Terrier auf einer Schau erstmalig „Airedale Terrier". Eine neue Rasse war entstanden. 1881 berichtete der Schriftsteller und Kynologe VERO SHAW in einem Buch:

„Der Airedale Terrier ist der Universalhund der Bevölkerung der im Airetal gelegenen Städte und Ortschaften. Er wird gebraucht zur Jagd auf alle Arten von Wasserwild, ist aber auch ein gewandter Gehilfe des wilddiebenden Schlingenstellers, indem er auf Kommando, ohne Laut zu geben, die in den Feldern stehenden Hecken und Büsche abjagt und die darin steckenden Hasen und Kaninchen in die aufgestellten Netze treibt. Zur Jagd abgerichtet, ist ihm keine andere Rasse überlegen, da er vor der Flinte sucht und stöbert, vorsteht, verlorensucht, sowohl Haar- als auch Federwild apportiert, notabene ohne zu quetschen, und auf Befehl auch hetzt, fängt und würgt, wie es eben sein Herr zu haben wünscht."

Der Schneid des Airedaleterriers war in eingeweihten Kreisen damals wohlbekannt. Es gibt Berichte von Airedales, die eine Stunde und 40 Minuten den speziell für Hundekämpfe dressierten großen Bullterriern erfolgreich standgehalten haben. Eine Geschichte ist überliefert von dem damals sehr bekannten Airedalerüden Thunder, der mit zwölf Monaten seine erste Ratte fangen sollte. Ein Zuschauer machte sich über ihn lustig und stichelte, er habe einen Hund, der Thunder mitsamt der Ratte auffressen würde. Es handelte sich um einen berühmten Bullterrier, der in Preiskämpfen noch niemals besiegt worden war. Es endete damit, daß dieser in vielen Kämpfen erprobte Rüde geholt wurde, um gegen den noch absolut unerfahrenen Thunder anzutreten. Thunder verhielt sich zunächst ziemlich passiv und schien nicht zu wissen, was von ihm verlangt wurde. Er ließ sich eine halbe Stunde lang ziemlich malträtieren, hielt dem Gegner aber stand. Dann schien ihm plötzlich die Geduld zu reißen. Er faßte in der vierten Runde dieses Kampfes den Bullterrier unterhalb der Kehle, und man hörte nur noch das Geräusch von zersplitternden Knochen. Thunder hatte dem Gegner das Brustbein durchgebissen. Man mußte ihn mit Gewalt von seinem Gegner trennen, der kurze Zeit später an inneren Blutungen einging. Trotzdem ist der Airedale kein Raufer. Aber wehe dem, der anfängt – er muß es büßen. Auch als Wachhund eignete sich der Airedale damals schon vorzüglich, indem er durch ein leises, warnendes Knurren anzeigte, wenn sich etwas Ungewöhnliches in der Nähe ereignete. Notfalls war er bereit, Herrn und Hof energisch zu verteidigen.

Shaw fügt noch eine Reihe weiterer Berichte über die Zuverlässigkeit, die Ausdauer und den Mut der Airedaleterrier an, die zeigen, welche Entwicklungsstufe die Rasse zu dieser Zeit schon erreicht hatte. So fand der Airedale rasch begeisterte Anhänger und Liebhaber. Im Jahre 1882 wurden die ersten Airedales in das Zuchtbuch des Kennel Clubs eingetragen.

Die ersten Airedaleterrier in Deutschland

Anfang 1893 kam der erste Airedaleterrier nach Deutschland. In der Zeitschrift „Hundesport" machte der Richter und Redakteur ERNST V. OTTO auf diese Rasse aufmerksam, und auf der Rassehundeausstellung

*Eine der ersten
Dokumentationen des
Airedale in Deutschland*

vom 3. bis 6. Mai 1894 in München wurden bereits acht Airedaleterrier vorgestellt. Dies war auch der Zeitpunkt für die Gründung des „Klub der rauhhaarigen Terrier", des heutigen Klubs für Terrier e. V. (KFT). In das erste Zuchtbuch des KFT, das 1902 erschien, wurden 150 Airedaleterrier eingetragen. Heute sind es bereits über 110 000 Eintragungen. Zunächst wurden zwei Schläge akzeptiert, bis 53 cm und bis 60 cm Schulterhöhe.

Von Deutschland aus wurde der Airedaleterrier 1900 beim Boxeraufstand in China erstmalig als Melde- und Sanitätshund erfolgreich eingesetzt. Auch die Japaner benutzten Airedales im japanisch-russischen Krieg 1904/05. Die deutsche und österreichische Heeresverwaltung teilte dem Jägerbataillon Airedaleterrier zu. Sie schätzten diese harten, wetterfesten, unerschrockenen und zuverlässigen Hunde, die sich außerdem durch eine hervorragende Nase und einen auffallend guten Orientierungssinn auszeichneten, ganz besonders für ihren Nachrichtendienst. Der damalige Vorsitzende des KFT, L. F. DIEFENBACH, Kelsterbach a. M., setzte sich besonders für die Ausbildung und Verwendung des Airedaleterriers als Melde- und Sanitätshund im Ersten Weltkrieg ein. Unzählige Verwundete verdankten ihr Leben diesen Sanitätshunden, die sie beim Absuchen der Kampfzonen fanden und ihren Abtransport herbeiführen konnten.

Ähnliche Aufgaben hatten Airedaleterrier auch im Zweiten Weltkrieg zu bewältigen. Viele kamen dabei zu Tode, doch wie sich überraschenderweise in der Nachkriegszeit herausstellte, hatte darunter das Gesamtniveau der Zucht wenig gelitten. Da in der Folgezeit zusätzlich noch hochwertige Hunde aus dem Mutterland importiert wurden, erreichte die Rasse bald wieder einen bemerkenswerten Leistungsstand. 1968 schrieb HEINRICH KAEUFFER in seinem Buch „Der Airedale-Terrier": „Der Airedale-Terrier ist durch die deutsche Zucht in Qualität und Leistung zu einer solchen Höhe geführt worden, daß er den Vergleich mit derjenigen des Ursprungslandes nicht nur aushalten kann, sondern daß er in seiner Gebrauchsfähigkeit sich dieser ohne Zweifel überlegen erweist."

Wenn es heute manch einer auch etwas bescheidener ausdrücken würde, so weisen uns diese Worte Kaeuffers doch sehr deutlich darauf hin, wie wichtig es für alle für diese liebenswerte Rasse Verantwortlichen ist, neben der Beachtung des Standards ganz besonderen Wert auf den Erhalt der hervorragenden Eigenschaften und Anlagen zu legen, die die Ursache für die Entstehung und Verbreitung des Airedaleterriers gewesen sind.

Der Airedale heute – junge Hündin von bestem Typ

13

Gedanken eines Airedale-Freundes

Airedale

Airedale
langer Jahre treuer Gefährte,
in drahtiger Jacke, trotzend Regen und Wind.
Furchtlos im Kampf,
wehrhaft und unüberwindlich,
zärtlich und gentlemanlike
allzeit zu Freunden des Hauses.

Airedale
liegst wie in Bronze gegossen,
wohlig entspannt du vor dem Kamin,
gleitet mein Auge hinüber zu dir.
König der Terrier,
für mich das Beste, was je
von Albions felsiger Küste
kam herüber zu uns.

Airedale
wer dich kennenzulernen hatte das Glück,
will dich besitzen.
Nimmermehr möchte dich missen,
wer sein eigen dich nennt.

Dr. F. Luce

14

Der Standard des Airedale

Die Grundlage der Airedaleterrier-Zucht ist der englische Rassestandard des Kennel Clubs. Er beinhaltet folgende Punkte:

Charakteristische Merkmale. Sehr aufmerksam im Ausdruck, lebhaft in der Bewegung, jederzeit gespannt und erwartungsvoll.

Das Wesen ist erkennbar am Ausdruck der Augen sowie an der Haltung der Ohren und der Rute.

Allgemeine Erscheinung. Die verschiedenen Körperteile sollen im Verhältnis zueinander so proportioniert sein, daß sie einen symmetrischen

*Hier stimmt alles: Anatomie, Typ und Wesen, wie es der Standard verlangt –
Engl. Ch. Jokyl Gallipants*

Gesamteindruck erwecken. In der Bewegung sollen die Läufe geradeaus greifen. Die Vorderläufe bewegen sich lotrecht und parallel zur Schulterlinie. Die Schubkraft der Bewegung kommt aus der Hinterhand. Perfekte Bewegung findet man bei einem Terrier mit langen Oberschenkeln, kräftig bemuskelten Unterschenkeln und gut gewinkelten Kniegelenken, die gemeinsam einen guten Vorwärtsschub aus den Sprunggelenken heraus ermöglichen. Von vorn gesehen bilden die Vorderläufe des sich nähernden Hundes eine Verlängerung der geraden Seitenlinien der Front, wobei die Pfoten den gleichen Abstand voneinander haben sollen wie die Ellenbogen. Während beim stehenden Hund oft schwer festzustellen ist, ob er lose in den Schultern ist, so wird dieser Fehler, wenn er vorhanden ist, beim sich nähernden Hund deutlich. Die Vorderpfoten haben dann die Neigung zu kreuzen. Ist der Hund im Gegensatz dazu eng in der Schulter, neigen die Pfoten dazu, weiter auseinander zu greifen. Sind die Sprunggelenke der Hinterhand nach innen gedreht (kuhhessig), zeigen die Kniegelenke und Pfoten nach außen. Das bedeutet einen ernsthaften Verlust an Vortriebskraft.

Das Gebiß des Hundes

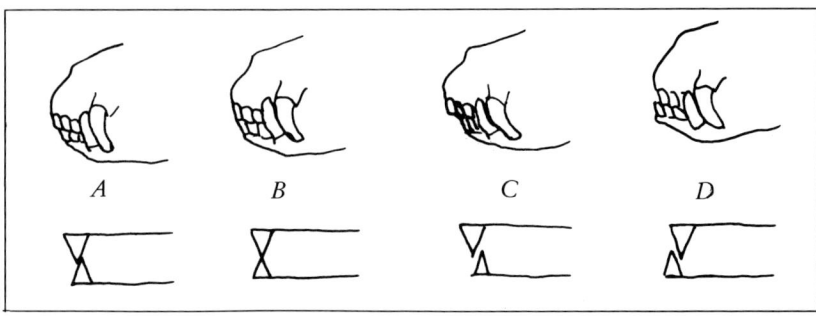

A = Scherengebiß, B = Zangengebiß, C = Rückbiß, D = Vorbiß

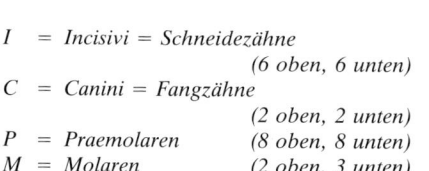

I = *Incisivi* = *Schneidezähne*
    (6 oben, 6 unten)
C = *Canini* = *Fangzähne*
    (2 oben, 2 unten)
P = *Praemolaren*   *(8 oben, 8 unten)*
M = *Molaren*   *(2 oben, 3 unten)*

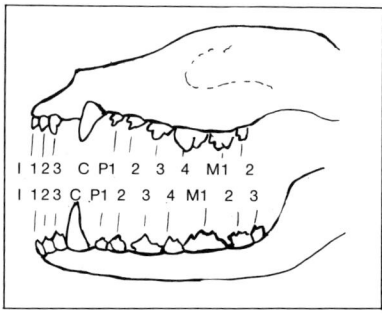

16

Wenn die Sprunggelenke nach außen gedreht sind, neigen die Hinterpfoten dazu, zu kreuzen.

Kopf und Schädel. Der Schädel soll lang und flach sein, dabei nicht zu breit zwischen den Ohren und zur Augenpartie allmählich etwas schmaler werdend. Er soll harmonisch sein, mit nur geringgradigem Unterschied im Längenverhältnis von Oberkopf und Vorgesicht. Der Schädel ist frei von Falten, mit nur angedeutetem Stirnabsatz und flacher, keinesfalls fülliger Wangenpartie. Das Vorgesicht muß vor den Augen gut ausgefüllt sein und soll nicht flach oder eingefallen wirken. Ein geschicktes Trimming darf hier unterstützend wirken. Ober- und Unterkiefer sind tief, kraftvoll, stark und muskulös, da ein ausgeprägtes Vorgesicht ein wichtiges Kriterium des Airedale ist. Überentwickelte Kiefer, die die Wangenpartie betonen, sind dagegen unerwünscht. Die Lippen sollen fest geschlossen und der Nasenspiegel soll schwarz sein.

Augen. Die Augen sollen möglichst dunkel in der Farbe, klein und tief eingesetzt sein. Sie zeigen den typischen Terrierausdruck voller Aufmerksamkeit, Kühnheit und Reaktionsstärke.

Ohren. Die Ohren sollen V-förmig und den Schläfen anliegend getragen werden. Sie sind klein, aber proportional zur Größe des Hundes passend. Die Oberkante des gefalteten Ohres soll höher als die Schädeldecke liegen. Ein herabfallendes, seitlich am Kopf hängendes, totes Ohr wie bei einem Jagdhund ist ein Fehler.

Das Gebiß. Die Zähne bilden ein kräftiges und gleichmäßiges Scherengebiß und sind in der Lage, fest wie ein Schraubstock schließen zu können.

Hals. Der Hals soll trocken, gut bemuskelt und von angemessener Länge und Stärke sein. Er soll sich zur Schulterpartie hin allmählich erweitern und darf keine Kehlhaut (Wamme) zeigen.

Vorhand. Die Schultern sollen lang und gut zurückliegend gelagert sein. Sie verlaufen schräg zur Rückenlinie. Die Schulterblätter sind flach. Die Vorderläufe sind absolut gerade, mit starken Knochen. Die Ellenbogen sind lotrecht zum Körper angeordnet und an den Seiten frei beweglich.

Körper. Der Rücken ist kurz, kräftig, gerade und eben, und er darf keine Anzeichen von Schwäche zeigen. Die Lendenpartie ist gut bemuskelt. Die Rippen sind gut nach hinten gebogen. Bei einem gut aufgerippten, kurzrückigen Hund ist nur wenig Raum zwischen den letzten Rippen und den Hüften. Ist der Hund dagegen lang im Rücken, so verliert er an Festigkeit. Der Brustkorb soll tief, aber nicht breit sein.

Hinterhand. Die Hinterhand soll lang und muskulös ausgebildet sein, ohne Anzeichen von Schwäche. Die Schenkel sind lang und kraftvoll, mit gut bemuskelten Unterschenkeln. Die gut gewinkelten Kniegelenke dürfen weder ein- noch ausgedreht werden. Die Sprunggelenke stehen tief, und die Fesseln stehen von hinten gesehen parallel zueinander.

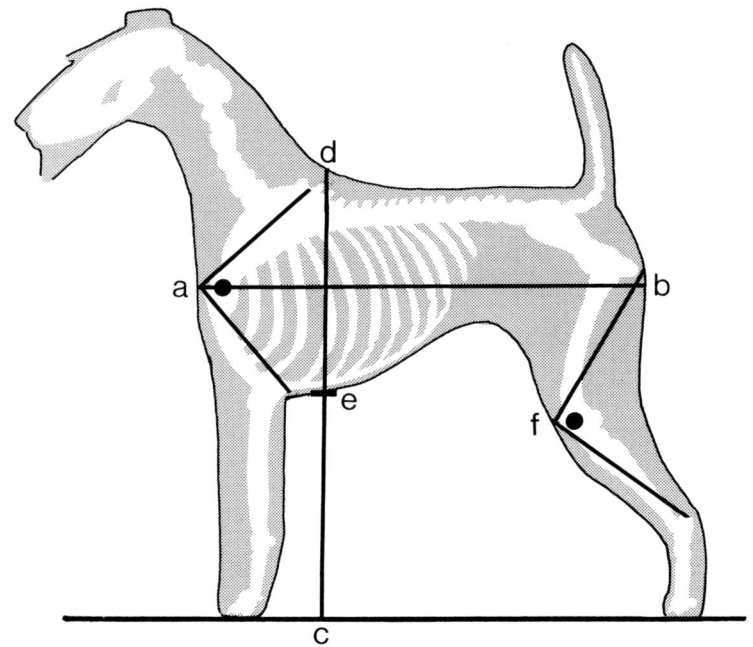

Proportionen und Winkelungen: $a{-}b = c{-}d;$ $c{-}e = e{-}d;$ ∢ *bei a und f etwa 90°*

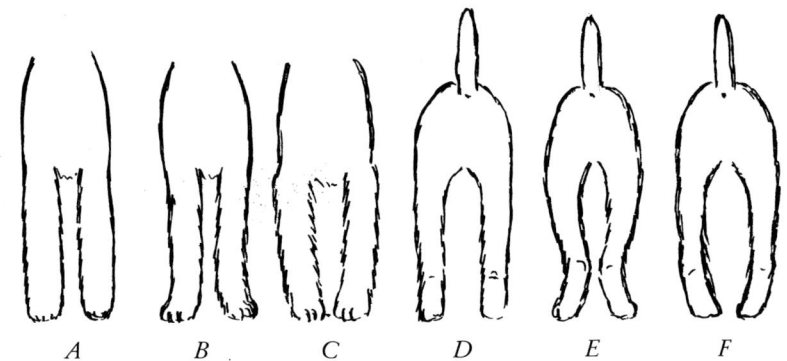

| A | B | C | D | E | F |

A = korrekte gerade Front. B = zehenweit. C = zeheneng, lose Ellenbogen. D = korrekte, gerade Hinterhand. E = hackeneng, zehenweit. F = faßbeinig, zeheneng

Der Standard des Airedale

1 Kleines mandelförmiges, möglichst dunkles Auge voller Terrierausdruck
2 Langer, flacher Schädel
3 Ohren V-förmig, seitlich anliegend, etwas oberhalb der Schädellinie gefaltet
4 Eleganter Halsaufsatz mit langem Widerrist
5 Kurzer, ebener, kräftiger Rücken

6 Rute hoch angesetzt, kräftig, lustig getragen, aber nicht überzogen
7 Kräftige, gut bemuskelte Hinterhand
8 Gut gewinkelte Kniegelenke
9 Lange, kräftige Unterschenkel
10 Tiefe Sprunggelenke, gut gewinkelt
11 Krallen schwarz und kurz gehalten

12 Gute Brusttiefe
13 Kleine, geschlossene „Katzenpfoten"
14 Absolut gerade Läufe
15 Gerade Terrierfront
16 Schulter flach, schräg gelagert und gut zurückliegend, gute Schulterwinkelung
17 Wenig Kehlhaut
18 Kräftige Kiefer
19 Kräftiger schwarzer Nasenspiegel

19

Airedaleterrierhündin: Ein Porträt, das für die Rasse begeistert

Pfoten. Die Pfoten sollen klein, rund und kompakt sein, mit gut ausgebildeten Ballen. Die Zehen sind mäßig gebogen. Die Pfoten weder ein- noch ausgedreht.

Rute. Die Rute soll hoch angesetzt sein und fröhlich getragen werden. Sie soll jedoch nicht über den Rücken gezogen werden. Sie soll kräftig und substanzvoll sein und von angemessener Länge.

Haarqualität. Das Haar soll hart, dicht und drahtig sein und nicht so lang, daß es zottig erscheint. Es soll glatt und dicht anliegen, Körper und Läufe bedeckend. Das Deckhaar besteht aus starkem, drahtigem, steifem Haar. Das Unterhaar soll kürzer und weicher sein. Die härtesten Decken sind leicht gewellt. Eine lockige Decke ist nicht erwünscht.

Farben. Kopf und Ohren sind tan-(loh-)farben mit Ausnahme der dunkleren Abzeichen an beiden Schädelseiten (Schläfen). Die Ohren sollen eine Schattierung dunkler sein. Die Läufe sind ebenfalls tanfarben. Die Decke (Rücken und Brustkorb) sowie die Oberseite der Rute sind schwarz oder dunkel meliert.

Größe und Gewicht. Am Widerrist gemessen sollen Rüden etwa 58,5 bis 61 cm (23 to 24 inches) und Hündinnen etwa 56 bis 58,5 cm (22 to 23 inches) messen. Das Gewicht soll jeweils der Größe und dem Typ entsprechen.

Warum gerade Airedaleterrier?

Mein erster Airedale

Die Liebe zum Hund als Freund und Begleiter entwickelt sich meist schon in frühester Kindheit. So hatte ich beispielsweise schon sehr früh die Möglichkeit, Hunde der verschiedensten Rassen sowie deren Mischungen kennenzulernen. Meine Liebe zum Airedale wurde dann durch folgende Begegnung geweckt, welche richtungweisend wurde für meine Entscheidung für gerade diese Rasse und für die Jahre meines Lebens mit dem und nicht zuletzt auch für den Airedale.

In den letzten Kriegstagen in Berlin 1945 waren in der Neidenburger Allee schon die Russen eingezogen, während am Bahnhof Heerstraße, knapp einen Kilometer stadteinwärts, noch heftig gekämpft wurde. In all dem hektischen Durcheinander lief suchend und unruhig ein ziemlich großer, grauschwarzer Rüde herum, den ich hier vorher nie sah und der offensichtlich seine Besitzer verloren hatte. Er gefiel mir sofort durch sein selbstbewußtes, reserviertes, aber nicht unfreundliches Verhalten. Ich war damals knapp zehn Jahre alt, und auf mein freundliches Zureden hin entschloß er sich, mich nach Hause zu begleiten. Meine Eltern waren absolut nicht der Meinung, daß wir uns bei all den Schwierigkeiten der damaligen Situation auch noch mit einem herrenlosen Hund belasten sollten. Wir hatten nichts zu essen und hausten in zwei notdürftig ausgestatteten Kellerräumen unseres kleinen Einfamilienhauses, das von russischen Soldaten beschlagnahmt worden war. Ich hatte eine Idee. Mit einem sauber ausgeschrubbten Eimer zog ich mit „meinem Hund" zur großen Gulaschkanone der Russen, aus der es immer so fantastisch duftete. Die Soldaten hatten striktes Verbot, an die deutsche Bevölkerung auch nur einen Brotkanten abzugeben. Ich hatte aber beobachtet, daß die Russen sehr tierlieb waren, und so versuchte ich ihnen zu erklären, daß ich unbedingt etwas aus der Gulaschkanone für diesen armen, ausgehungerten Hund haben müßte. Es klappte erstaunlicherweise hervorragend. Ich zog stolz mit Hund und Eimer, der gut zwei Liter herrlichster Graupensuppe mit Fleisch enthielt, nach Hause. Hier wurde die Suppe sogleich mit Wasser und durch die Kaffeemühle gedrehten Weizenkörnern verlängert, so daß die ganze Familie einschließlich Hund etwas zu essen bekam. Da mir dieser Trick auch in den folgenden Tagen immer wieder gelang, wurde der neue Hausgenosse stillschweigend geduldet.

21

Einige Tage später wollte ich gerade mit einem jungen Mann, der für kurze Zeit bei uns Unterschlupf gesucht hatte, durch die Kellertür in den Garten hinausgehen, weil die Abendsonne so schön schien. Der junge Mann ging vor und stand bereits auf der ersten Stufe der Kellertreppe, als „mein" Hund mich plötzlich wütend knurrend ansprang und in eine zu Löschzwecken im Keller stehende Sandkiste warf. Im gleichen Augenblick gab es eine ohrenbetäubende Detonation. Staub und Dreck und Schreie und der schwer auf mir liegende Hund sind meine Erinnerungen der nächsten Sekunden. Der junge Mann lag in einer großen Blutlache im Kellerausgang. Ein großer Granatsplitter hatte ihm die Brust zerrissen. Mein Vater lag bewußtlos, aber sonst unverletzt, daneben. Ihn hatte ein flacher Splitter an der Schläfe getroffen. Meine Mutter faßte sich als erste und begann zu handeln. Ich saß stumm und dankbar in der Sandkiste mit meinem Hund, der am ganzen Körper zitterte, fest im Arm. Es folgten ein paar ruhigere Tage, an denen ich mit meinem nun voll zur Familie gehörenden Hund, soweit erlaubt, auf Erkundung ausging. Die Geräusche der immer noch erbitterten Kämpfe der letzten Kriegstage ebbten langsam ab, und die russischen Besatzungstrupps zogen stadteinwärts. Zwischen den einzelnen Trupps zogen aber immer wieder einzelne Plünderer durch die Gegend, die von allen sehr gefürchtet wurden, weil sie schlimmer als die russischen Soldaten brutal, rücksichtslos und unberechenbar auftraten. Ich war gerade mit meinem Hund im Garten, als plötzlich zwei solcher zwielichtigen Gestalten über die niedergetretenen Zäune durch die Büsche schlichen. Der Hund, der die stets laut und direkt auftretenden Soldaten nie angegriffen hatte, spürte wohl die veränderte Situation und stellte die beiden Männer sofort. Es ging dann alles sehr schnell. Schüsse fielen, ich schrie aus Angst um sein Leben, die Männer lachten, und mein Hund wälzte sich mit offenem Bauch auf dem Rasen. Sie ließen ihn so liegen. Meine Mutter riß mich ins Haus, und mein Vater, selbst passionierter Jäger, mußte das Unvermeidliche mit einer Axt erledigen. Ich war ihm dankbar, daß er so schnell und entschlossen handelte. Wir haben „unseren" Hund dann in einem Bombentrichter in unserem Garten beerdigt. Ich wußte so wenig von ihm, aber ich wußte, ich würde ihn nicht vergessen können.

Jahre später, wir wohnten noch in demselben Haus und ich hatte zur Konfirmation mein erstes Fahrrad bekommen, mit dem ich die weitere Umgebung erkundete, kam ich am Haus unseres Apothekers in der Heerstraße vorbei, als ich plötzlich im Garten etwas durch die Büsche toben sah, was fast genauso aussah wie mein unvergessener Hund der letzten Kriegstage. Ich stürmte aufgeregt in die Apotheke und fragte den Inhaber, was das denn für eine Rasse sei und wo er diesen jungen Hund bekommen habe. So erfuhr ich zum erstenmal, daß mein Hund ein

Quando, SchH II – ein liebenswerter Freund und Begleiter

Airedale gewesen war. Der Apotheker kannte und liebte die Rasse seit langem und erlaubte mir, seinen Hund des öfteren zu besuchen. Für mich stand fest: Sobald es uns die Verhältnisse wieder erlauben würden, einen Hund zu halten, mußte es ein Airedaleterrier sein.

Ich mußte mich aber noch einige Jahre gedulden. Inzwischen wurde ein Sparschwein gefüttert, und nach dem bestandenen Abitur war es dann endlich soweit, ein Hund durfte wieder ins Haus, und es bedurfte gar keiner weiteren Diskussion, ein Airedale mußte es sein.

Zu meinem großen Kummer war in ganz Berlin damals kein junger Rüde aufzutreiben. So war es eine reizende, junge Airedalehündin, Nory vom Deutschen Airedale Hof, die in unser Haus und unser Leben einzog. Sie wurde sehr hübsch, und unter Anleitung der Züchterin lernte ich sie zu trimmen und auszustellen. Mit dreieinhalb Jahren bekam sie ihren ersten Wurf. Sie gehörte später zu meiner Aussteuer und hat es verstanden, mit ihrer liebenswerten Art und ihrem fröhlichen Wesen meinen Mann so zu beeindrucken, daß nach ihrem für uns sehr schmerzlichen Tod mit etwas über zehn Jahren auch für ihn nur wieder ein Airedale in Frage kam. Es wurden durch ein kleines Mißverständnis zwei, die nun zusammen aufwuchsen. Bengal Nektar und Petra v. d. Eichgasse. Nektar wurde ein neuer Anfang. Sie begleitete uns fast 15 Jahre und lebt für uns in ihren Kindern fort.

Der Airedale in der Familie

Seine Eignung als Familienmitglied

Der weitaus größte Teil der Interessenten und Liebhaber eines Airedale wünscht sich einen Hund für die Familie, und dafür ist der Airedale geradezu prädestiniert. Mit seiner sportlichen Erscheinung von 56 cm bis etwa 61 cm Schulterhöhe ist er groß genug, um einen wertvollen Schutz für seine Besitzer darzustellen, und wiederum nicht zu groß, um im Haus und Auto sowie auf Reisen unser ständiger Begleiter sein zu können.

Seine kurz gehaltene, dichte, drahtige Behaarung macht ihn ausgesprochen pflegeleicht. Bei regelmäßigem Trimming haart der Airedale nicht, was einen nicht zu unterschätzenden Vorteil für das Leben in Haus oder Wohnung darstellt. Außer dem Trimmen, dem ein besonderes Kapitel gewidmet ist, braucht der Airedale nur gelegentlich am Bart und an den Läufen etwas durchgekämmt zu werden, damit er wieder schick aussieht. Die Decke braucht nur einige Bürstenstriche mit einem Striegel.

Dank seines unkomplizierten Wesens wächst er leicht in die Familie hinein und möchte auch als vollwertiges Mitglied akzeptiert werden. Er paßt sich dem jeweiligen Tagesablauf und den speziellen Gewohnheiten und Gegebenheiten seiner Familie an und findet sehr schnell heraus, wer das Oberhaupt der Familie und damit für ihn der Rudelführer ist. Und einen solchen braucht er unbedingt, sonst übernimmt er selbst die Führung, was problematisch werden kann. Sind die Grenzen gesteckt, akzeptiert und respektiert er sie und hängt an seiner Familie mit nie erlahmender Fröhlichkeit und lebhaftem Temperament.

Es gibt eigentlich keinen schlecht gelaunten oder langweiligen Airedale. Vielmehr muß sein Besitzer jederzeit auf einen lustigen Schabernack gefaßt sein und auch den dafür notwendigen Humor besitzen. Zartbesaitete Gemüter kann er schon gelegentlich in erhebliche Aufregung versetzen, indem er zum Beispiel wichtige, elegante Gäste mit schmutzigen Gartenpfoten überschwenglich schon am Gartentor in Empfang nimmt, obwohl er sauber und gekämmt auf seinen Auftritt warten sollte; oder indem er Frauchens neueste, hochhackige Abendsandaletten kurz vor deren Start zu einer wichtigen Einladung auf eine gesündere Absatzhöhe reduziert. Auch kann er besinnliche Spaziergänger aus dem Hinterhalt erschrecken und dann so tun, als sei er der höflichste und harmloseste Hund, den man sich vorstellen kann, oder Nachbars Katze oder Hühner

Zwei, die sich gut verstehen

apportieren, frisch gesetzte Tulpenzwiebeln sorgfältig wieder einsammeln und überhaupt dafür sorgen, daß keine Langeweile aufkommt. Ernstlich böse Absichten hat er dabei nie, dennoch sollte man ihm nicht jede seiner Lausbubereien durchgehen lassen.

Andererseits kann er zart und behutsam sein und verfügt über ein erstaunliches Einfühlungsvermögen. Ist seine Lebhaftigkeit einmal unangebracht oder hat man einmal keine Zeit für ihn, so zieht er sich auch ohne Murren auf seinen Lieblingsplatz zurück und kann hier stundenlang ausharren, bis er gerufen wird.

Ebenso ist er der geduldige, zuverlässige Freund der Kinder, die er bei einer wirklichen Gefahr ohne Zögern schützt und notfalls ernsthaft verteidigt. Es ist Sache der Eltern, bei kleinen Kindern darauf zu achten, daß sie keine zu argen Plagegeister für den jungen Hund sind und zum verständnisvollen Umgang mit dem Hund erzogen werden. Erfahrungsgemäß sollten die Kinder schon etwa so groß sein, daß sie dem temperamentvollen Ansturm eines übermütigen Airedalewelpen gewachsen sind.

Völlig unproblematisch ist der umgekehrte Fall, wenn erst der Airedale und später die Kinder in die junge Familie einziehen. Der Airedale, egal

Kessy v. Stammhof
Wasserpassion und Mut
– typisch Airedale

ob Rüde oder Hündin, übernimmt sofort die Rolle des Beschützers und wird später zum geliebten Spielgefährten und Freund der Kinder. Man kann etwas größere Kinder unbesorgt spazierengehen lassen, wenn ihr Airedale mit von der Partie ist. Auch ohne spezielle Ausbildung fühlt er sich für ihre Sicherheit verantwortlich.

Im Krankheitsfall ist er gar nicht wehleidig. Im Gegenteil: Unpäßlichkeiten werden wir ihm kaum anmerken; damit wird er allein fertig. Wenn ein Airedale zeigt, daß er krank ist, gehört er deshalb auch sofort in tierärztliche Behandlung. Auch hier schätzt er, wie überhaupt, keine Gewaltanwendung, vielmehr ist er bei verständnisvoller, ruhiger Behandlung ein sehr folgsamer Patient.

So entwickelt sich der Airedale in der Familie vom vielgeliebten, munteren Welpen je nach Erziehung zum mehr oder weniger temperamentvollen, liebenswerten, verbindlichen Hausgenossen und wird auch im Alter dank seiner charaktervollen Persönlichkeit ein unvergeßlicher Gefährte für seine Besitzer sein.

Die Anschaffung eines Airedale

Überlegungen vor dem Kauf

Die Anschaffung eines Airedale darf kein spontaner Kauf aus einer plötzlichen Eingebung heraus sein. Mehr als zehn Jahre Verantwortung für ein Lebewesen mit positiven und negativen Seiten, in beglückenden und in schwierigen Zeiten, müssen übernommen werden, denn ein Airedale will ein Familienmitglied sein und ist kein Prestigeobjekt, das man nach einiger Zeit vernachlässigen darf. Deshalb sollte genau überlegt werden, ob auch alle Beteiligten über den Zuwachs begeistert sind, ob genügend Raum und Zeit vorhanden sind und wie man die Urlaubszeit einteilen kann. Man muß mindestens zehn Jahre im voraus planen.

Ist alles gut überlegt, dann sollte man sich verschiedene Züchteradressen vom KFT nennen lassen, nahegelegene Ausstellungen besuchen, alle erreichbare Literatur studieren, um möglichst viel über diese Rasse zu erfahren, bevor man sich für einen bestimmten Zwinger und einen bestimmten Wurf entscheidet.

Ganz wichtig scheint es mir zu sein, daß man schon vor dem Kauf weiß, welche Anforderungen man zukünftig an seinen neuen Hausgenossen stellen will. Soll er ein reiner Familienhund sein, möchte man des öfteren Ausstellungen besuchen, soll der neue Hausgenosse eine oder mehrere Leistungsprüfungen, zum Beispiel Schutzhund I bis III, Verkehrssicherer Begleithund oder Fährtenhund, ablegen, soll er jagdlich geführt werden oder vielleicht sogar zur Zucht verwendet werden?

Entsprechend den späteren Anforderungen muß der Welpe sorgfältig ausgesucht werden, wenn er später die in ihn gesetzten Erwartungen erfüllen soll. Der Züchter wiederum sollte nicht nur daran interessiert sein, Ihnen einen Welpen zu verkaufen, sondern er sollte Sie sorgfältig beraten und im Zweifelsfall sogar vom Kauf abraten. Allerdings kann es auch bei besten Voraussetzungen vorkommen, daß sich unser Welpe ganz anders als erwartet entwickelt. Dann liegt es an uns, die Vorzüge, die jeder Hund hat, herauszufinden und zu nutzen. Es gibt einige Punkte, die man beim Kauf besonders beachten sollte:

Wie gefällt Ihnen die Mutter und, wenn im Zwinger anwesend, auch der Vater? Erkundigen Sie sich nach eventuellen Ausstellungs- und Prüfungsergebnissen.

Informieren Sie sich genau über Entwurmung, Impfungen, Futtermengen und Futterzeiten des Welpen.

Die meisten Züchter werden Ihnen einen schriftlichen Futterplan für den Welpen mitgeben, damit die Umstellung problemlos vor sich geht.

Ahnentafel und Impfpaß

Die Ahnentafel gehört zum Hund. Wenn Sie bei der Übergabe des Hundes noch nicht vorliegt, wird sie Ihnen kostenlos nachgeliefert, sobald sie vom Zuchtbuchamt des KFT ausgefertigt worden ist. Die jeweilige Zuchtbuchnummer ist vom Zuchtwart in das rechte Ohr des Welpen tätowiert worden. So können Sie jederzeit die Identität Ihres Hundes nachweisen. Die Erstimpfungen gegen Parvovirose, Staupe, Hepatitis und Leptospirose sollten im Impfpaß eingetragen sein.

Auf etwaige Fehler des Welpen, die zum Zeitpunkt der Übergabe vorhanden sind und die ihn von der Zucht und Ausstellung ausschließen, wie zum Beispiel Einhodigkeit und Vorbiß, muß Sie der Züchter vor dem Kauf informieren. Im Abgabealter sollten beide Hoden bereits im Hodensack liegen. Liegt ein Hoden noch in der Leistengegend, kann er eventuell trotz aller Bemühungen dort liegenbleiben. Dann bleibt er ein Einhoder. Die Schneidezähne sollen beim Milchgebiß wie eine Schere schließen. Die Qualität des zweiten Gebisses zeigt sich erst mit etwa sechs Monaten und unterliegt nicht mehr allein dem Einfluß des Züchters.

Vorbisse können vererbt oder auch durch unsachgemäße Aufzucht erworben sein, zum Beispiel darf man während des Zahnwechsels mit vier bis sechs Monaten keinesfalls zulassen, daß der Welpe mit den noch nicht ganz gefestigten Schneidezähnen ständig an irgend etwas zieht und zerrt.

Wenn Sie nicht züchten und ausstellen wollen, spielen solche Fehler keine so große Rolle und sind nicht in jedem Fall ein Grund, auf den Welpen zu verzichten.

Die Haarqualität und Farbe sind am Welpen schwer zu beurteilen. Allgemein kann man aber sagen, je härter das Babyhaar, um so besser wird die spätere Qualität und Farbe sein. Der Nasenspiegel muß schwarz sein.

Rüde oder Hündin?

Die Frage Rüde oder Hündin muß jeder selbst entscheiden. Es ist eine persönliche Geschmacksfrage, ob einem eine liebenswürdige und anhänglichere Hündin mehr liegt als ein temperamentvoller Lümmel. Aber bei beiden Geschlechtern gibt es ebenso die umgekehrte Version. Zu einem nicht zu unterschätzenden Teil liegt es ja bei Ihnen, in welcher Weise sich

Ihr Welpe in Ihrer Familie entwickelt. Ich habe im Laufe der Jahre feststellen können, daß in eine Familie mit überwiegend weiblichen Mitgliedern besser ein Rüde paßt und umgekehrt. Die Frage der Läufigkeit der Hündin brauchte heute eigentlich kein Problem mehr zu sein. Wenn diese Zeiten, die zweimal im Jahr etwa 21 Tage dauern, wirklich stören, kann die Hündin, wenn sie zwei bis drei Jahre alt geworden ist, entweder rechtzeitig vor jeder Läufigkeit eine Hormoninjektion bekommen oder, wenn sie keinen Wurf haben soll, besser gleich kastriert werden. Die Vor- und Nachteile dieser Möglichkeiten besprechen Sie am besten mit dem Tierarzt Ihres Vertrauens.

Die erste Läufigkeit tritt zwischen dem 9. und 12. Lebensmonat auf.

Das beste Alter

In welchem Alter sollte man einen Airedalewelpen ins Haus nehmen? Das beste Alter zum problemlosen Übergang in die neue Familie ist beim Airedale die 10. bis 12. Woche. Dann hat der Welpe die Grundimpfungen hinter sich und ist schon ein recht selbstbewußtes, stabiles Hundekind, das neugierig und unternehmungslustig die neue Umwelt erforschen will. Das ist auch ein wichtiges Lernalter, in dem eine reine Zwingerhaltung, auch wenn sie noch so gut gemeint ist, nicht mehr ausreicht.

Nach dem Kauf sollten Sie noch weiteren Kontakt mit Ihrem Züchter halten. Schließlich kennt er Ihren Welpen von Geburt an und wird seinerseits interessiert daran sein, wie sich sein „Zuchtergebnis" entwickelt. Ob es ein „Zuchterfolg" wird, liegt an Ihnen beiden gemeinsam. Im allgemeinen kann man sagen, daß der Airedale ein robuster und bei richtiger Führung unproblematischer Familienhund ist, der es versteht, bis ins hohe Alter geliebter Mittelpunkt seiner Familie zu sein.

Die Aufzucht, Haltung und Pflege des Airedale

Die ersten zehn bis zwölf Wochen hat Ihr Züchter die Verantwortung für Ihr Hundekind gehabt und im Idealfall mit viel Liebe und Sachverstand seine Entwicklung überwacht. Jetzt ist es an Ihnen, die weitere Aufzucht so gut wie möglich zu gestalten.

Die Ratschläge Ihres Züchters sollten Sie in erster Linie beherzigen. Die wohlgemeinten Hinweise anderer Hundebesitzer erst in zweiter Linie, sonst kommen Sie vor lauter Theorie durcheinander. Fundierte Sachbücher über die Aufzucht finden Sie im Literaturverzeichnis.

Ganz allgemein sollte man folgende Regeln befolgen:
- Regelmäßige Futterzeiten nach Futterplan einhalten. Nur soviel Futter anbieten wie bei einer Mahlzeit mit Appetit gefressen wird, und den Futternapf stets etwas erhöht stellen, damit die noch weichen Gelenke der Pfoten entlastet werden.
- Das Schlafbedürfnis des Welpen berücksichtigen.
- Nach jedem Fressen und nach jedem Schlafen den Welpen ins Freie bringen, denn dann ist stets ein Bächlein und meist auch ein Häuflein fällig.
- Regelmäßiges Bürsten der Decke (Rücken und Brustkorb) und Kämmen der Behaarung an den Läufen und am Fang ist notwendig, damit die Haut gut durchblutet wird und damit das weiche Babyhaar nach und nach herausgearbeitet wird. Das endgültige, harte Haar sowohl an den Läufen wie auch auf der Decke wächst dann allmählich nach.

Es gibt auch Airedalewelpen, die von Anfang an ihr endgültiges Haarkleid haben. Sie sehen als Welpen nicht wie ein typischer Airedalewelpe aus, sondern eher wie ein Dobermann, weil ihr Haar kurz und glatt am Körper anliegt. Diese Welpen haben später meist das beste Haar und immer eine intensive Farbe. Das für den Airedale typische und wichtige Trimmen wird in einem besonderen Kapitel besprochen.

Besondere Aufmerksamkeit ist beim Airedalewelpen den Ohren zu widmen. Sie sollen beim erwachsenen Hund V-förmig nach vorn getragen werden, an den Schläfen anliegen und mit ihrer Oberkante ein wenig den Oberkopf überragen. Sowohl ein schweres, faltiges Ohr wie bei einem Jagdhund als auch ein zu hohes, leichtes und damit flatteriges Ohr ist ein Fehler.

Vorbild und Einfluß der Mutterhündin sind einer der wesentlichen Faktoren in der Entwicklung der Welpen

Die Ohren während des Zahnwechsels

Die Anlage der Ohrform und -haltung ist sicher genetisch bedingt. Es liegt aber an der Aufzucht, ob das Ohr später mehr oder weniger korrekt getragen wird. Sehr wichtig ist es dabei, daß das Haar an den Schläfen und an den Ohren stets kurz gehalten wird, damit man das Ohr beurteilen und, wenn nötig, korrigierend eingreifen kann. Besonders in der Zeit des Zahnwechsels heißt es aufpassen und, wenn notwendig, kleben. Wie man das macht, zeigt Ihnen sicher Ihr Züchter, wenn Sie nicht zu weit entfernt wohnen und den Welpen nach einigen Wochen noch einmal vorstellen. Ein zu schweres Ohr wird mit einem Spezialkleber aus England, „Copydex", hochgeklebt, und zwar derart, daß die Ohrenspitzen etwa daumenbreit über den Augen befestigt werden. Es braucht schon etwas Erfahrung, um die beste Fixation zu erreichen. Jedes Ohr ist etwas anders veranlagt, und fast jeder hat da seine eigene Methode.

Ein zu leichtes Ohr sollte nicht über längere Zeit fixiert werden. Kurzfristig kann man die Ohren mit einem Selbstklebeband (Tesa) in

31

Braun oder Schwarz, als Stirnband um den Kopf geführt, befestigen. Nach einigen Tagen wird das Band entfernt, und wir können den Erfolg beurteilen. Oft genügt es, wenn die Ohren anschließend in die richtige Lage massiert werden. Diese ganze Prozedur ist, wenn überhaupt, nur in den ersten vier bis fünf Lebensmonaten notwendig und erfolgreich. Dafür hat man dann aber die Freude an dem typischen Airedaleausdruck, der durch ein schlecht getragenes Ohr doch sehr verändert wird. Kleine Abweichungen hat allerdings fast jedes Ohr, das sollte toleriert werden.

Notwendige Impfungen und Wurmkuren

Die ersten Impfungen erhält der Welpe normalerweise beim Züchter, und zwar spätestens zehn Tage bevor er den Zwinger verläßt. Bitte vergessen Sie nicht, nach vier bis sechs Wochen von Ihrem Tierarzt eine Nachimpfung durchführen zu lassen, damit Ihr Welpe sicher geschützt ist. Vorbeugen ist da immer noch besser und billiger als heilen. Dabei kann auch gleich eine Kotprobe gemacht werden, um festzustellen, ob der Welpe weiterhin wurmfrei ist. Wenn notwendig, wird noch eine Wurmkur gemacht. Das ist mit den heute zur Verfügung stehenden Medikamenten kein Problem.

Sehr wichtig ist es, daß Ihr Airedale bei diesem harmlosen Besuch in der Praxis seinen Tierarzt und die ganze Atmosphäre kennenlernt und keine Angst bekommt. Dann sind später eventuell notwendige Besuche kein Drama, eher eine Selbstverständlichkeit. Der Airedale ist aber gottlob eine sehr robuste und gesunde Rasse, bei der Tierarztbesuche selten notwendig werden. Trotzdem oder gerade deshalb ist es richtig, den Rüden oder die Hündin in Abständen routinemäßig „durchchecken" zu lassen. Der Airedale meldet sich nämlich nur krank, wenn es gar nicht mehr anders geht. Da kann er zum Beispiel eine Nieren- oder Lebererkrankung schon viele Monate mit sich herumschleppen. Er ist eben kein wehleidiger Typ.

Bitte denken Sie auch an die regelmäßigen Gaben von Kalzium, Phosphor sowie weiteren Mineralstoffen, Spurenelementen und Vitaminen, die es für den Bedarf des Hundes speziell zusammengestellt in Tablettenform gibt. Diese Tabletten von verschiedenen Firmen werden normalerweise so gern genommen, daß man sie sehr gut als Belohnung und somit als Erziehungshilfe verwenden kann.

Im sechsten Lebensmonat kann man den Welpen auf drei Mahlzeiten umstellen, im neunten kommt er mit zwei Hauptmahlzeiten aus, und mit etwa einem Jahr gewöhnen wir ihn an eine Mahlzeit täglich.

Die jeweiligen Mengen sind dabei sehr unterschiedlich, je nach Futterverwertung, Temperament und Auslaufgelegenheit. Der Welpe darf ruhig

Der Airedalerüde ist ein selbstbewußter und zuverlässiger Freund und Beschützer seiner Familie

ein bißchen pummelig sein, damit er notfalls etwas zuzusetzen hat. Der Junghund sollte so gefüttert werden, daß man die Rippen gerade noch fühlen kann. Er muß aber immer substanzvoll wirken. Der Airedale ist ein kompakter, quadratischer Hund mit kurzer, kräftiger Lendenpartie und trotzdem elegantem Gesamteindruck.

Als Grundlage der Fütterung eignen sich am besten handelsübliche Flockenfutter, die mit Frischfleisch, Gemüseresten aus der Küche, Eiern, Quark und eventuell Dosenfleisch geschmacklich abwechslungsreich und qualitativ hochwertig gestaltet werden können.

Einseitige Fütterung, welcher Art auch immer, wirkt sich auf die Dauer nachteilig aus. Eine Topkondition erreicht man nur mit Sachverstand und Einfühlungsvermögen in die individuellen Bedürfnisse eines jeden Hundes.

Zwinger oder Haus?

Zur Haltung soll noch erwähnt werden, daß der Airedale von der Veranlagung her kein Zwingerhund ist; er will ein Familienmitglied sein. Nur in diesem Rahmen kann er seine Vorzüge entwickeln. Das heißt aber nicht, daß er nicht tagsüber einige Zeit im Zwinger verbringen kann. Ist der Zwinger groß genug und so angelegt, daß sich ein Airedale darin wohlfühlen kann, dann hält er sich auch gern darin auf.

Gemäß einer am 6. 6. 1974 erlassenen Rechtsverordnung zum Tierschutzgesetz muß eine Zwingeranlage mindestens sechs Quadratmeter groß sein, doch sollten für den lebhaften Airedale diese Maße deutlich überschritten werden.

Als Untergrund für den Auslauf eignet sich grasbewachsener Naturboden, der mit unempfindlichen Bäumen (z. B. Birke, Weißbuche) oder Sträuchern (z. B. Haselnuß, Holunder) bepflanzt werden kann. Eine Hecke außerhalb der Einzäunung spendet im Sommer den notwendigen Schatten, schützt gegen Einsicht von der Straße her.

In jedem Fall soll eine zugluftsichere und feuchtigkeitsdichte Hundehütte bereitstehen, in der sich das Tier artgerecht bewegen kann. Sie darf allerdings nicht zu groß sein, damit der Hund sie mit seiner eigenen Körpertemperatur warm halten kann. Vor ihr ermöglicht ein hölzerner Liegeplatz dem Hund auch bei Bodenfeuchtigkeit ein angenehmes, seine Gesundheit schonendes Liegen im Freien.

Sein liebster Platz wird aber immer im Haus im Kreise der Familie sein, und kein noch so guter Zwinger kann damit konkurrieren. Auch die Hunde eines Züchters sollten zumindest zeitweise und regelmäßig die Möglichkeit haben, sich im Hause aufzuhalten.

Wenke –
Typ und Ausdruck
prägen die unverwechsel-
bare Persönlichkeit
dieser Airedalehündin

Erster Futterplan

Der Züchter gibt seinen Welpen im allgemeinen einen Futterplan mit auf den Weg, der verdeutlicht, wann und wie der Welpe im Zwinger gefüttert wurde. Zumindest während der Eingewöhnungszeit sollten Sie sich an diesen Plan halten und möglichst auch dieselben Futtermittel verwenden. Unser Futterplan für zehn bis zwölf Wochen alte Welpen sieht beispielsweise folgendermaßen aus:

Morgens 8.00: Eine Tasse lauwarme Milch mit zwei bis drei Eßlöffeln Matzingerflocken oder Haferflocken und ½ Teelöffel Honig. Jeden zweiten Tag ein rohes Eigelb dazu. Anschließend ein Knäckebrot oder einen Zwieback mit leichter Pflanzenmargarine.

35

Mittags 12.00: Eine Tasse Flockenfutter (Matzinger, Latz, Vipromix) mit ¼ Pfund zerkleinertem rohem Rindfleisch, Pansen, Herz oder Dosenfleisch. Gemüse- oder Fleischbrühe aus der Küche zum Anfeuchten. Ebenso Gemüsereste, zerkleinert, zur Abwechslung untermischen. Dazu ½ Teelöffel Mineralsalzmischung (zum Beispiel Welpi-Sal).

Nachmittags 16.00: Wie mittags, oder gelegentlich eine Quarkmahlzeit mit Flocken, Honig und etwas Milch vermischt.

Abends 20.00: Einen Hundekuchen oder Welpenkost und frisches Wasser.

Außerdem zum Knabbern und Spielen abwechselnd eine ganze rohe Möhre, einen Kalbsknochen, Äpfel oder Hundekuchen. Frisches Wasser sollte immer für den Welpen zur Verfügung stehen, am besten in einer Steingutschale, Mineralstoff- und Kalktabletten (etwa sechs bis zehn Stück) sollten zusätzlich über den Tag verteilt gegeben werden. Da sie meist gern genommen werden, kann man sie gut als Belohnung geben, zum Beispiel wenn der kleine Welpe auf unser Rufen tatsächlich aus dem Garten erscheint.

Bitte beachten: Den Futternapf immer etwas erhöht stellen, der Größe des wachsenden Hundes angepaßt. Sonst tritt er seine noch weichen Pfoten zu stark durch, und er soll ja auf festen, runden „Katzenpfoten" stehen, wenn er ausgewachsen ist. Eine umgedrehte Obsthorde vom Kaufmann tut es für den Anfang.

Weltsieger 1989 in Kopenhagen – Perrancourt Pirate Prince

Das Trimmen des Airedale

Die Haarpflege des Airedale besteht in erster Linie im Trimmen. Darunter versteht man das Entfernen des gesamten lockeren und toten Haares durch Zupfen mit den Fingern oder mit einem geeigneten Hilfsmittel, zum Beispiel dem Trimmesser. Trimmen kann man entweder regelmäßig in kurzen Abständen oder spätestens alle zehn bis zwölf Wochen, je nach Haarbeschaffenheit und Haarwuchs, in einer Sitzung. Das Trimmen dauert dann etwa zwei Stunden. Gleichzeitig mit dem Entfernen des alten Haares kann man das verbleibende junge feste Haar in eine gewünschte Form bringen, um dem Airedale sein typisches Äußeres zu geben. Das ausstellungsreife Trimmen ist eine Kunst für sich und braucht schon Übung und Erfahrung.

Bei einem erstklassig getrimmten Airedale darf man nicht erkennen, daß am Haarkleid gearbeitet wurde. Es soll so natürlich wie möglich aussehen. Dabei spielt das Trimmen zum richtigen Zeitpunkt vor der Ausstellung eine wichtige Rolle.

Das Trimmen muß zunächst von einem Fachmann vorgenommen werden. Häufig ist der Züchter bereit und in der Lage, seinen Welpen weiterhin zu betreuen, oder er kann raten, wo Sie Ihren Airedale trimmen lassen können. Den ersten Schnitt an Kopf und Ohren, den Pfoten und unter der Rute bekommt der Welpe schon mit sechs bis acht Wochen. Das erste Trimmen des ganzen Hundes mit zwölf bis vierzehn Wochen läßt man möglichst beim Züchter machen, weil er Ihnen dann zugleich sagen kann, ob der Welpe gut gefüttert ist oder ob er etwas mehr oder weniger bekommen muß. Ebenso können viele Fragen, die den neuen Hundebesitzer bewegen, besprochen werden.

In der Folgezeit haben Sie nun prinzipiell zwei Möglichkeiten; nämlich entweder Ihren Hund regelmäßig trimmen zu lassen oder das Trimmen selbst zu erlernen. Mit etwas Geschick und Übung und einer guten Trimmanleitung ist das ohne weiteres möglich. Die ersten Male sollten Sie mit dem „gerupften Huhn" anschließend zu einem erfahrenen Trimmer (Züchter) fahren und ihn bitten, Ihnen und Ihrem Hund noch den letzten Schliff zu geben. Denn nur aus Fehlern kann man lernen, und jeder hat schließlich einmal damit angefangen. Ein guter Trick ist es auch, den Hund nur auf einer Seite ganz trimmen zu lassen und dann die andere Seite nach dem Vorbild selbst nachzuarbeiten. So kann man seine Arbeit selbst gut überprüfen.

Zwischen den Trimmterminen ist der Airedale ausgesprochen pflegeleicht. Er haart fast nicht, ein nicht zu unterschätzender Vorteil des Trimmens. Ein paar Bürstenstriche über den Rücken und gelegentliches Kämmen des Bartes nach vorn und der etwas längeren Haare an den Läufen und der Brust in Richtung des Haarwuchses genügen völlig. Baden soll man den Airedale nur, wenn er sich ausgesprochen „eingedreckt" haben sollte. Sonst badet er selbst im Schnee und in freiem Wasser. Anschließend trockenfrottiert, ist er wieder sauber. Das gesunde, regelmäßig getrimmte Airedalehaar ist so beschaffen, daß Regen und Sand nicht lange haften und es sich weitgehend selbst reinigt. In der folgenden Anleitung von BRIGITTA ANTONI wird das Trimmen beschrieben, wie es jeder daran interessierte Airedalebesitzer relativ leicht erlernen kann.

Das Trimming des Airedaleterriers
(nach B. ANTONI)

Da das Rauhhaar des Airedaleterriers nach einiger Zeit und mit einer gewissen Länge seine harte, straffe Struktur verliert und letztlich ausfällt, ist es erforderlich, in bestimmten Zeitabständen dieses überständige, beziehungsweise tote Haar, herauszuzupfen. Dies geschieht überwiegend mit einem Trimmesser (zum Beispiel von Hauptner).

Ist das Haar allerdings nicht drahtig, sondern weich, so muß man sich mit der Schermaschine, Klippe oder Schere helfen, indem man die mit dem Trimmesser bearbeiteten Teile nachschneidet. Dann bekommt man eine gleichmäßige Oberfläche. Dies ist aber bei typischem drahtigen Terrierhaar nicht erforderlich und nicht zu empfehlen!

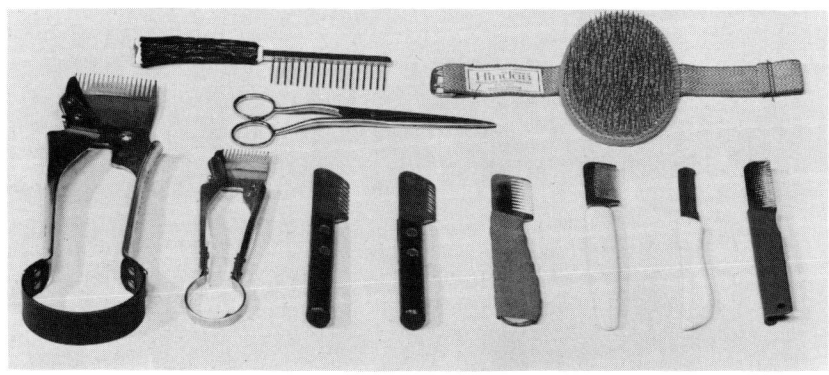

Trimmwerkzeug. Kamm, Schere und Bürste. Große und kleine Hauptnertrimmschere. Verschiedene Trimmesser

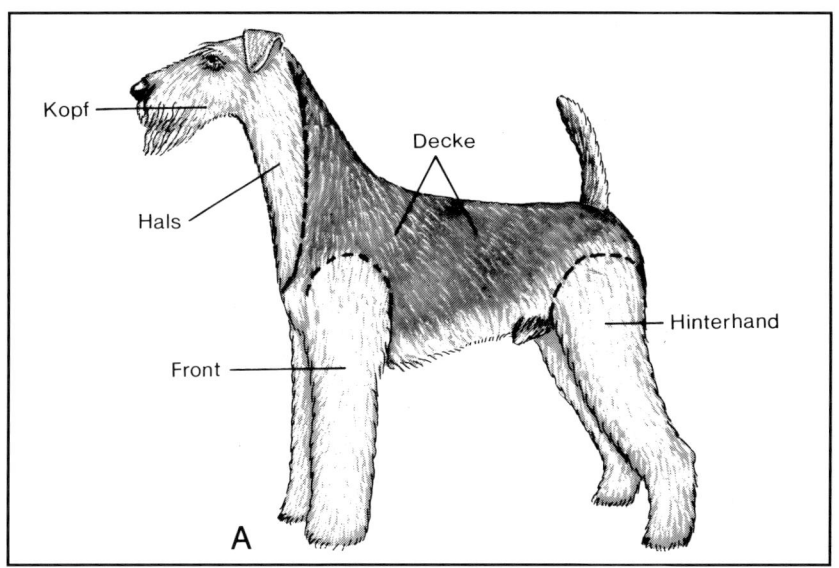

Kopf

Decke

Hals

Hinterhand

Front

A

A Rücken, Seiten, Flanken, Schultern, Nacken und Rutenoberseite werden gezupft. Rutenunterseite kann in Haarwuchsrichtung geschoren werden. Da der Airedaleterrier einen tiefen Brustkorb haben soll, wird das Brusthaar belassen. Es wird lediglich zum Bauch hin mit der Schere gestutzt oder gezupft, so daß eine harmonisch verlaufende Linie entsteht und somit die Tiefe des Brustkorbs betont wird (Abb. A).

B Die Schultern werden kurz getrimmt. Sie sollen harmonisch in die Vorderläufe übergehen. Es darf kein starker Absatz entstehen. Um das zu erreichen, muß auch etwas Haar an den Vorderläufen abgetrimmt werden.

Die Vorderfront des Hundes wird kurz getrimmt. Dabei ist die Wuchsrichtung des Haares zu beachten.

Man trimmt niemals gegen den Strich, sondern immer in Wuchsrichtung des Haares! (Die Pfeile in der Abb. B, Seite 40, geben die Wuchsrichtung an.)

C Die Oberseite des Kopfes und des Halses werden getrimmt, wobei die Kopfoberseite mit der Schere nachgeschnitten werden kann. Die Halsunterseite wird kurzgeschoren, und zwar gegen den Strich.

Um nicht zuviel vom Barthaar wegzuschneiden, denkt man sich eine Linie vom äußeren Augenwinkel bis zum Maulwinkel. Die Halsunterseite wird bis zum deutlich fühlbaren Brustbein geschoren (Abb. B, Seite 40).

39

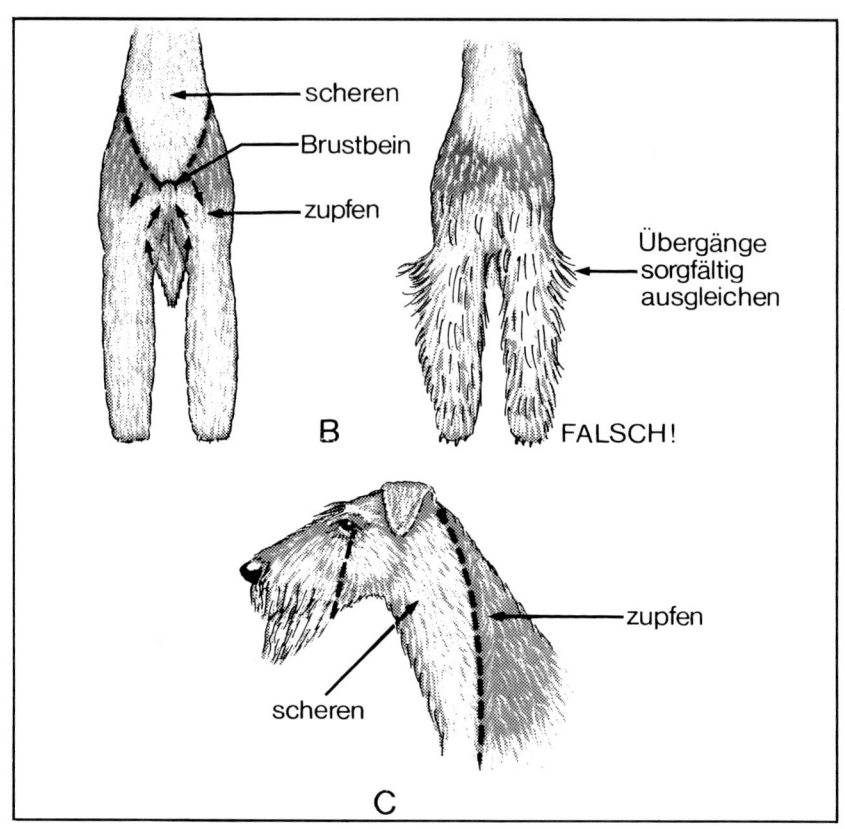

scheren
Brustbein
zupfen
Übergänge sorgfältig ausgleichen
B
FALSCH!
zupfen
scheren
C

Es muß besonders darauf geachtet werden, daß die Übergänge vom Scheren zum Zupfen nicht zu sehen sind. Das kann man nur dadurch erreichen, indem man alle Teile, die getrimmt (gezupft) werden, zuerst macht. Danach sind die Bereiche, die geschoren werden sollen, zu bearbeiten. Dabei geht man mit einem groben Trimmesser oder mit der großen Klippschere leicht über die „Grenzgebiete" hinweg und verwischt somit alle Übergänge.

D Die Ohren werden mit der kleinen Klippschere gegen den Strich geklippt. Dieses wird sowohl an der Oberseite als auch an der Unterseite gemacht. Dabei ist zu beachten, daß man nicht in die leicht zu übersehende „Doppelfalte" am unteren hinteren Teil des Ohres schneidet (Abb. D, Seite 42).

Junge Airedalehündin Malve wartet auf den versprochenen Spaziergang ▶

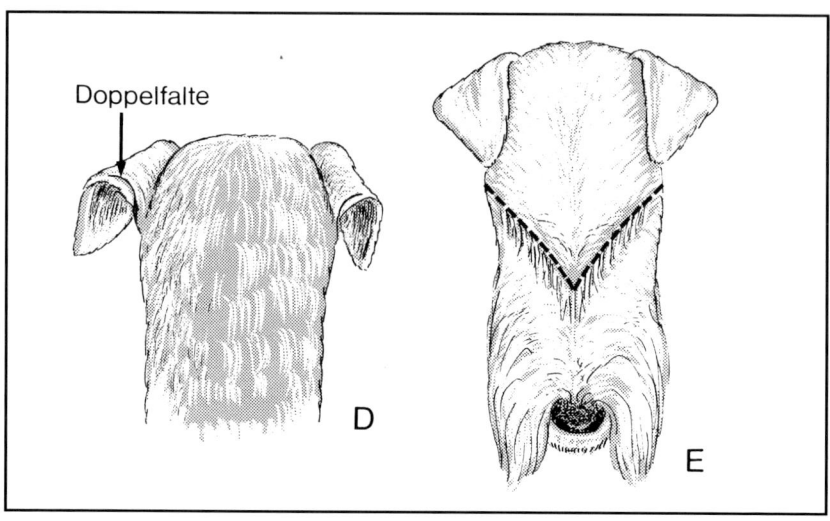

Doppelfalte

D

E

Die Haare im Gehörgang werden mit Daumen und Zeigefinger gefaßt und herausgezupft. Würde man die Haare mit der Schere entfernen, könnten abgeschnittene Teilchen der Haare in das Ohrinnere fallen (Begünstigung des Ohrenzwanges). Die Haare der Ohrränder werden zum Schluß mit der Schere begradigt.

E Der Kopf des Airedaleterriers sollte lang und schmal sein. Das kann man durch das Trimmen sehr gut betonen. Die Augen sollen tief liegen. Darum bleiben die Augenbrauen stehen und werden nur ein wenig ausgedünnt. Den Teil zwischen den Augen trimmt man keilförmig. Das läßt den Kopf noch länger erscheinen (Abb. E).

F Der Bart wird seitlich etwas ausgetrimmt. Wie stark, richtet sich nach der Beschaffenheit des Haares. Ist es weich und von starkem Wuchs, so muß es stärker ausgedünnt werden. Die Übergänge werden hier mit der Schere bearbeitet. An der Unterseite werden die nach unten hängenden Haare mit der Schere kurz, nach vorn allmählich länger werdend, weggenommen, so daß eine schöne Hals-Kinn-Linie entsteht. Auch hier muß alles harmonisch ineinander übergehen. An der Bartspitze selbst wird nichts abgeschnitten (Abb. F).

G Die Oberschenkel des Hundes werden gut durchgetrimmt, so daß auch hier ein schöner Übergang vom Rücken und den Flanken zu den Keulen entsteht. Es dürfen auf keinen Fall die unschönen „Hosen" bleiben (Abb. G, links).

H Von hinten gesehen, werden die Hinterläufe bis zu den Sprunggelenken kurzgetrimmt. Dadurch betont man die Winkelung der Hinterhand

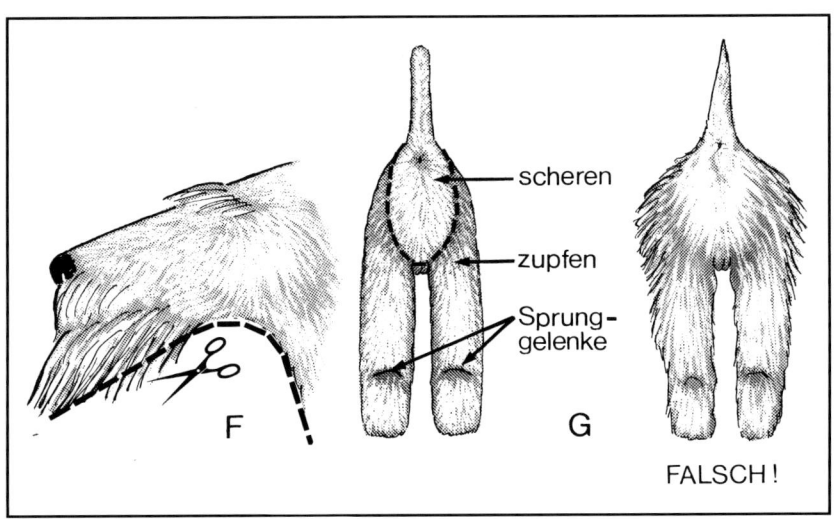

scheren

zupfen

Sprung-
gelenke

F

G

FALSCH!

(Abb. H, links). Danach wird der in Abb. G angegebene Teil geschoren (Übergänge beachten!), siehe auch Abb. H.

Da die Rute des Airedaleterriers kupiert ist, soll sie von der Wurzel bis zur Spitze gleichmäßig dick sein. Haar an der Spitze stumpf abschneiden (Abb. G, links).

Die Vorder- und Hinterläufe sollen jeweils im gleichen Abstand zueinander gerade nach unten verlaufen (Abb. B, Seite 40 und Abb. G).

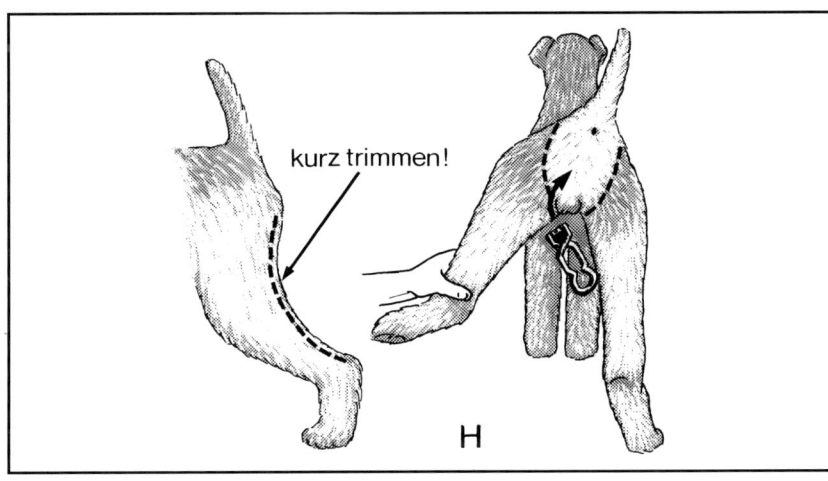

kurz trimmen!

H

43

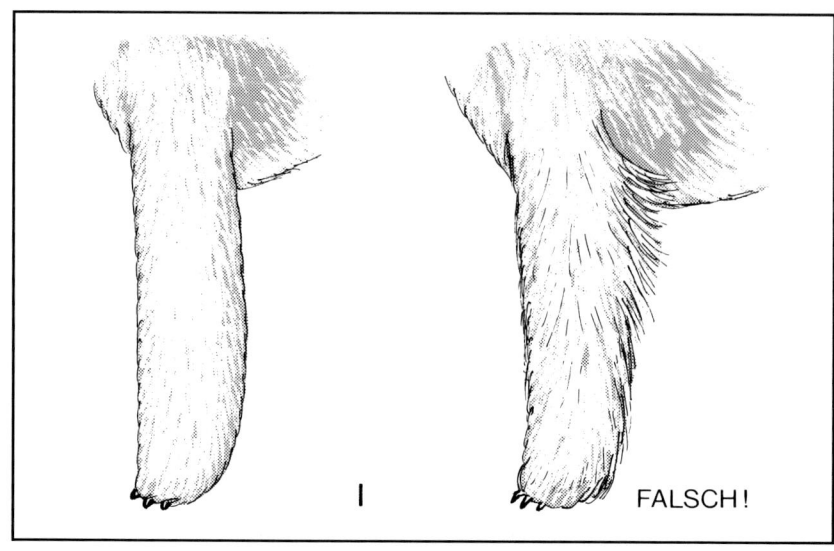

I   FALSCH!

I Die Pfoten sollen rund und geschlossen sein, das heißt, die Zehen dürfen sich nicht spreizen. Aus diesem Grunde werden auch nur die Krallen von überstehenden Haaren befreit (freigeschnitten) und nicht die ganzen Zehen. Die Ellbogen werden freigetrimmt, so daß auch hier wieder eine schöne Linie entsteht.

Nun wird das Beinhaar mit der Drahtbürste gegen den Strich nach oben gebürstet. Dann werden die Haarspitzen mit einem grobzinkigen Metallkamm leicht nach unten gekämmt. Jetzt können alle überstehenden Haare mit der Schere abgeschnitten werden. Zum Schluß bleibt ein säulenförmiges Bein. Die Krallen werden noch einmal von überstehenden Haaren befreit, so daß sie als „Katzenpfote" hervortreten (Abb. I, links). An den Hinterläufen wird genauso verfahren.

44

Die Erziehung

Stubenreinheit und Kontaktaufnahme

Die Abrichtung Ihres Welpen beginnt mit der Erziehung zur Stubenrein-heit. Bald nach jedem Fressen und nach jedem Schlafen ist ein „Bächlein" fällig. Deshalb bringt man den Welpen dann rechtzeitig ins Freie an einen geschützten Platz und lobt ihn, wenn er das erwartete „Geschäft" planmä-ßig erledigt. Passiert es dennoch einmal im Haus, dann reinigt man die Stelle am besten mit verdünntem Essigwasser, damit der Geruch gebunden wird und nicht zu Wiederholungstaten animiert. „Häufchen" passieren normalerweise nicht überraschend. Der Welpe sucht sich deutlich erkenn-bar einen geeigneten Platz, dreht sich ein paarmal um die eigene Achse, bevor er sich löst. Inzwischen hat man genügend Zeit, ihn ins Freie zu bringen und dort wiederum sehr zu loben. Man muß also insbesondere in den ersten Tagen den Welpen gut beobachten.

Als nächstes gewöhnen wir den Welpen daran, auf Rufen zu uns zu kommen. Das tut er gern, wenn das Kommen für ihn interessanter und

Ein Airedalewelpe schaut voller Aufmerksamkeit und Neugierde in die Zukunft

45

angenehmer ist als alles andere. Das heißt, daß wir immer eine kleine Belohnung für ihn bereit haben, zum Beispiel eine Kalktablette, etwas rohes Fleisch, ein Stückchen Keks oder ähnliches. Außerdem muß immer erst einmal etwas gespielt werden, damit er das Kommen nicht als Beendigung seiner interessanten Entdeckungsreisen ansieht. Das ist sehr wichtig, weil der Junghund sich uns sonst in Kürze nur noch mit Sicherheitsabstand nähert, damit wir ihn nicht greifen oder anleinen können.

Leinenführigkeit

Die Leinenführigkeit muß ebenfalls mit einiger Geduld geübt werden. Am besten benutzt man eine Vorführleine oder ein entsprechend weiches und leichtes ledernes Halsband mit passender Leine, so daß der Welpe kaum behindert wird. Man läßt ihn erst einmal kurze Zeit mit der Leine alleine laufen. Dann nimmt man das Ende in die Hand und läßt sich vom Welpen führen. Erst ganz allmählich drehen wir den Spieß um und führen den Welpen dorthin, wo wir gern hingehen wollen. Zunächst wird er sich etwas widerborstig hinsetzen. Aber wir haben den längeren Atem, und irgendwann wird ihm das zu langweilig, und er kommt mit. Leichter geht das, wenn wir einen schon erwachsenen Hund dabeihaben, dann läuft unser Welpe schon von selbst mit.

Die ersten Spaziergänge sollten nicht länger als eine viertel bis eine halbe Stunde dauern. Allmählich steigern wir die Ausflüge, und mit drei Monaten kann er schon längere Strecken bewältigen. Er sollte aber nicht überfordert werden. Wenn der Welpe ermüdet und sich hinlegt, nimmt man ihn besser auf den Arm oder legt eine kleine Verschnaufpause ein.

Mit etwa neun Monaten kann er auch lernen, am Rad zu laufen, und zwar immer rechts, dem Verkehr abgewandt. Die meisten Airedales laufen mit großer Freude am Rad, wobei ein zügiger Trab die vorherrschende Gangart sein sollte. Man paßt sich dabei dem Tempo des Hundes in etwa an, nur wenn er vorpescht oder ständig galoppieren möchte, müssen wir ihn mit Bremse oder Zuruf ein wenig zügeln.

Erste Umwelterfahrungen und Hineinwachsen in die späteren Aufgaben

In den ersten Monaten sollten Sie sich intensiv mit Ihrem Airedale beschäftigen. Er sollte möglichst viel kennenlernen, zum Beispiel Autofahren, Lärmkulissen in der Stadt, andere Menschen und Hunde, Wasser und Wald, Regen und Gewitter und auch Spaziergänge im Dunkeln. In diesem Alter folgt er uns voller Vertrauen und orientiert sich an unserem

Verhalten. Zeigt er Vorsicht oder Scheu, wo es nicht notwendig ist, müssen Sie ihn kräftig unterstützen und loben, damit er selbstbewußt und selbstsicher wird. Es muß ja alles erst gelernt werden, und ein Welpe, der kritiklos in jede Gefahr hineinläuft, ist sicher nicht der reaktionsstärkste.

Im übrigen muß man das erste Lebensjahr intensiv nutzen für die Förderung der Anlagen des jungen Airedaleterriers, die man bei seinem späteren Verwendungszweck braucht. Soll er ein Familienhund sein, so sollte er von Anfang an alles, was die Familie unternimmt, mitmachen dürfen. So fügt er sich nahtlos in die Lebensgewohnheiten und den persönlichen Tagesrhythmus seiner Familie ein. Soll er später beispielsweise für die Schutzhundprüfungen ausgebildet werden, so fängt man früh damit an, seine Nasenarbeit, seinen Beutetrieb und seinen Gehorsam zu wecken und zu fördern. Mit einer gezielten Ausbildung sollte man nicht vor einem Alter von 10 bis 12 Monaten beginnen; der Airedale braucht eine ausreichend lange, unbeschwerte und fröhliche Junghundzeit. Das gleiche gilt in abgewandelter Form im Hinblick auf seine spätere Verwendung als Jagdgebrauchshund. Kenner schätzen den Airedale sehr und loben seine Passion und Führigkeit. (Spezielle Hinweise für die Ausbildung finden Sie im Literaturverzeichnis.)

Plant man Erfolge im Ausstellungssport, so kann man auch hier nicht früh genug mit einem gezielten Training beginnen. Der Welpe lernt schon beim Züchter, beim Bürsten und ersten Trimmen, wie er sich vorteilhaft auf dem Tisch aufbauen kann. Er sollte das gar nicht wieder verlernen. Täglich einige Minuten an der Vorführleine, einmal aufgebaut und gelobt und einmal korrekt auf- und abgetrabt, auch mal in Triangel geführt, das ist kein großer Zeitaufwand. Für den jungen Airedale wird es zur Selbstverständlichkeit, und auf den ersten Ausstellungen treten Hund und Besitzer gut vorbereitet in den Ring.

Ausbildung und Ausstellung sind nicht leicht zu vereinbaren, wenn ein und dieselbe Person den Hund führt. Da ist es oft richtiger, wenn der Besitzer am Ringrand steht und der Hund von einem anderen vorgestellt wird. Der versierte, ältere Hund weiß allerdings recht genau zu unterscheiden, ob er an einer Vorführleine, einer Übungsleine oder einer Suchleine geführt wird. Er irrt sich dann nie mehr und weiß, worum es geht.

Das erste Jahr sollte also in jedem Fall gut genutzt werden. Wertvolle Ratschläge erhält man als Anfänger bei den Ortsgruppen des KFT, deren Adressen die Geschäftsstelle gern vermittelt (siehe Seite 106). Dort wird neben der Ausbildung für die Gebrauchshundprüfung meist auch ein Ringtraining mit Hilfen für das Ausstellen und Vorführen der Hunde abgehalten. Auch hier gilt „Ohne Fleiß kein Preis", aber die Arbeit wird sowohl Ihnen als auch Ihrem Hund viel Freude bereiten.

Die Mannarbeit am Ärmel: Hier wird der Ernstfall geprobt

*Drei, denen das Arbeiten Spaß macht:
Führerin und Schutz-
hund beim Abführen des
Figuranten
als Scheintäter*

Der Airedale als Gebrauchshund

Eignung als Schutzhund

Der Airedale eignet sich prinzipiell hervorragend für die Ausbildung zum Schutzhund. Er muß jedoch mit viel Liebe, Verständnis und Konsequenz an die speziellen Anforderungen der Prüfungsordnungen herangeführt werden.

Mit Gewalt und Zwang erreicht man beim Airedale nichts. Was er aber einmal in Freundschaft gelernt hat, vergißt er nie wieder, und er wird es auch nach längeren Trainingspausen freudig wieder anwenden. Im Gebrauchshundesport kennen wir folgende Prüfungen:

Die Prüfung als verkehrssicherer Begleithund (VB).

Die Schutzhundprüfungen (Sch H I–III), bestehend aus den Abteilungen: A Fährtenarbeit, B Unterordnung, C Schutzdienst.

Die Fährtenhundprüfung (FH).

Die Ausdauerprüfung (AD).

Zumindest die ersten Prüfungen sollte jeder Airedale bei fachkundiger Anleitung erfolgreich abschließen können. Informationen dazu finden Sie in der entsprechenden Literatur (siehe Anhang), in den Prüfungsordnungen und insbesondere bei den Ausbildungswarten der Ortsgruppen des KFT oder der örtlichen Hundesportvereine.

Für den ausgesprochenen Leistungssport als Wettkampf, zum Beispiel auf Landessieger- und Klubleistungssiegerprüfungen, sollte man möglichst einen Airedale aus einer Leistungszucht erwerben, das heißt, beide Eltern und mindestens ein Großelternteil haben nachweislich eine Schutzhundprüfung bestanden.

Die Ahnentafeln der Welpen sind entsprechend mit dem Aufdruck „Leistungszucht" gekennzeichnet. Aber auch wer nicht die Zeit aufbringen kann, mit seinem Airedale regelmäßig unter Anleitung zu arbeiten, um ein Prüfungsziel zu erreichen, sollte auf jeden Fall die Grundbegriffe der Unterordnung und des Schutzdienstes kennen und erarbeiten, um seinen Hund stets sicher an der Hand zu haben und um sich in Gefahrenmomenten, welcher Art auch immer, auf die Reaktionen seines Hundes verlassen zu können. Der Airedale ist ein Gebrauchshund, und es macht sehr viel Freude, gemeinsam mit ihm zu arbeiten. (Siehe Bilder Seite 48 und 50.)

Kaninchen, die große Leidenschaft des Airedale. Das saubere Apportieren gehört zur Ausbildung des Jagdgebrauchshundes

Wo Sie Ihren Airedale ausbilden können, erfahren Sie am besten durch seinen Züchter, die nächste Ortsgruppe des KFT oder DVG oder durch den Rassebetreuer für Airedaleterrier im KFT. Anschriften siehe Seite 100.

Der Airedale als Jagdgebrauchshund

Obwohl der Airedale in Deutschland nicht zu den Jagdhundrassen gezählt wird, wird er von Jägern gern jagdlich geführt, und seine Qualitäten werden sehr geschätzt.

Ursprünglich wurde der Airedale ja für die Jagd gezüchtet. Heute wird seine Arbeit beim Stöbern, bei der Nachsuche auf Schalenwild, bei der Wasserarbeit und bei der Bejagung von Fuchs und Dachs hoch geschätzt. Insbesondere gemeinsam mit niederläufigen Terriern, wie zum Beispiel dem Deutschen Jagdterrier, Foxterrier, Lakelandterrier und Welshterrier, kann der Airedale erfolgreich bei der Jagd auf dieses Raubwild geführt werden. Das Apportieren lernt er bei konsequenter Ausbildung ebenfalls einwandfrei. Eine bestandene Jagdgebrauchshundprüfung gilt in Verbindung mit einem Ausstellungsergebnis und der HD-Kontrolle ebenfalls als Zuchtzulassung.

Verwendung als Blinden- und Rettungshund

Bevor mit einer Ausbildung zum Blindenhund begonnen werden kann, muß schon im Welpenalter eine sorgfältige Vorauswahl getroffen werden. Es gibt spezielle Welpentests (Pfaffenberger), die Rückschlüsse auf eine entsprechende Eignung des Hundes erlauben. Aufgrund seiner guten Einordnung in die menschliche Gemeinschaft, seiner Anpassungsfähigkeit und seines erstaunlichen Einfühlungsvermögens ist der Airedale generell für diese schwierige Aufgabe gut geeignet.

Die Ausbildung selbst erfolgt in speziellen Schulen, im fortgeschrittenen Stadium auch gemeinsam mit dem künftigen Besitzer.

Die Ausbildung zum Rettungs- und Katastrophenhund zum Auffinden verschütteter Personen, zum Transport von Nachrichten usw. erfolgt ebenfalls in speziellen Lehrgängen. Die ausgebildeten Hunde können dann in Notfällen erfolgreich eingesetzt werden.

In den nordischen Ländern wird der Airedale, der sich sehr gern im Schnee bewegt, darüber hinaus als Schlittenhund eingesetzt. Sogar bei Schlittenhundrennen auf lange Distanz ist er erfolgreich gewesen.

Schönheit und Leistung. Eine Tophündin auf deutschen und internationalen Ausstellungen, hier im Einsatz als Rettungshund zum Aufspüren Verschütteter

51

Airedale-Zucht – ja oder nein?

Häufig wird im Hinblick auf die Gesundheit und Wesensentwicklung des Hundes die Frage aufgeworfen: Wird ein Rüde selbstbewußter und eine Hündin femininer, wenn sie zur Zucht herangezogen werden? Das ist ein viel diskutiertes Thema, und es werden von Fall zu Fall unterschiedliche Ergebnisse möglich sein.

Grundsätzlich kann aber gesagt werden, daß es weder aus tierärztlicher noch aus tierpsychologischer Sicht zwingende Gründe gibt, einen Rüden oder eine Hündin zur Zucht zu verwenden.

Der Zuchtrüde

Ein Airedalerüde sollte nur dann zur Zucht verwendet werden, wenn er auf Grund überdurchschnittlicher Erfolge im Ausstellungswesen und/oder Leistungssport für die Rasse besonders wertvoll ist und bei entsprechend guter Vererbung die Möglichkeit bekommt, des öfteren und regelmäßig eine Hündin zu belegen.

Andernfalls kann es passieren, daß der Rüde unausgeglichen und aggressiv reagiert und vielleicht sogar auf eigene Faust das Grundstück verläßt und stromern geht.

Im Gegensatz dazu ist ein Airedalerüde ohne Zuchterfahrung ein ausgesprochen umgänglicher, liebenswürdiger und familiärer Hausgenosse, der nichts entbehrt.

Ob ein heranwachsender Rüde sich als Zuchtrüde eignet, hängt von vielen Faktoren ab. Zunächst sollte schon seine Ahnentafel zu berechtigten Hoffnungen Anlaß geben, das heißt, seine Vorfahren sollten auf Grund ihrer Vererbung und Erfolge bekannt und vom Züchter sinnvoll und erfolgversprechend ausgewählt worden sein. Aus dem Wurf sollte der Rüde schon als Welpe unter dem Gesichtspunkt der eventuellen Zuchtverwendung mit Hilfe der Erfahrung des Züchters und eventuell mit Hilfe von wissenschaftlich fundierten Welpentests (Bodingbauer, Pfaffenberger und Ganz) und nicht zuletzt anhand der persönlichen Entscheidung des zukünftigen Besitzers ausgewählt werden. Schon die Aufzucht kann bewußt auf das künftige Ziel ausgerichtet sein. Sinnvolle Ernährung und frühzeitiges Training für Ausstellung und Ausbildung setzen den Grundstein für spätere Erfolge. Bei der ersten Zuchtverwendung des Rüden sollte ihm am

Airedaleterrier-Zuchtgruppe, harmonisch in Typ und Exterieur

besten eine Hündin zugeführt werden, die schon einmal geworfen hat. So kann man eventuellen Mißerfolgen vorbeugen, die gerade beim jungen Rüden nachhaltige Folgen haben können. Der Rüdenbesitzer ist außerdem verpflichtet, darauf zu achten, daß die Zuchtbestimmungen für den Rüden und die Hündin erfüllt sind (siehe Zuchtbestimmungen des KFT, Seite 66).

Außer einem besonders gut veranlagten und erstklassig aufgezogenen Rüden gehören aber seitens der Besitzer auch noch sehr viel Zeit, Einsatzbereitschaft, Geduld bei Mißerfolgen und eine stets verständnisvolle Einstellung dem Rüden gegenüber zum Erfolg. Oft ist es erst der zweite oder dritte Rüde, den man besitzt, mit dem man dieses hohe Ziel erreicht. Immer sind es aber nur einige wenige Jahre des Erfolges, während unser Airedalerüde die weitaus größere Anzahl an Jahren uns allein gehört und auch im Alter geliebter Mittelpunkt in der Familie bleiben muß. Und gerade diese gemeinsamen Jahre nach den großen Erfolgen können für Hund und Besitzer oft die schönsten sein.

53

Die Zuchthündin

Für die Zuchthündin gelten im wesentlichen die gleichen Kriterien wie für den Rüden.

Beste Qualität des Welpen aus einer erstklassigen Blutlinie ist die Voraussetzung für eine erfolgreiche Zucht. Man sollte sich klar darüber sein, daß der Arbeits- und Kostenaufwand der gleiche ist, egal ob man nun den Wurf einer erstklassigen oder einer gerade noch dem Anforderungsminimum des KFT entsprechenden Hündin aufzieht.

Die Freude und der Erfolg sind aber unvergleichlich größer, wenn wir mit Überlegung und kritischer Zuchtwahl beginnen.

Zwingeranlage

Prinzipiell sollte die junge Hündin in der Familie aufwachsen und leben und kein „Zwingerhund" sein. Sie sollte aber von klein auf ihren Zwinger kennen und auch regelmäßig einige Zeit darin verbringen. Zum Beispiel kann man das Füttern im Zwinger besorgen. Damit wird der Zwinger zu einem angenehmen Ort, verbunden mit erfreulichen Ereignissen.

Der Zwinger sollte so gestaltet sein, daß ein genügend großer, begehbarer Innenraum mit Licht und Wasseranschluß zur Verfügung steht, in dem man sowohl der Hündin beim Werfen helfen als auch das Heranwachsen der Welpen in den ersten Wochen bequem verfolgen und überprüfen kann.

Eine Hundehütte genügt da auf keinen Fall. Der anschließende Freiauslauf sollte eine offene Verbindung zum Innenraum haben, so daß Hündin und Welpen je nach Bedarf beide benutzen können.

Das bietet der Hündin auch die Möglichkeit, den Innenraum von sich aus sauberzuhalten und später den Welpen beizubringen, es ihr gleich zu tun.

Zuchthündin mit acht Wochen alten Welpen

Airedalewelpen. Letztes Foto vor dem Start in die neuen Familien

Der Freiauslauf sollte so groß und so gestaltet sein, daß die Hündin und die Welpen sich darin wohl fühlen und sich möglichst artgerecht verhalten können. Das erreicht man, indem man einen großen Teil des Zwingers mit Naturboden beläßt und einige Bäume und Sträucher anpflanzt. Junge Pflanzen werden mit einer einfachen Holzverkleidung geschützt. Große Tonröhren zum Spielen und Verstecken, ein Holzrost vor dem Zwingerhaus nicht nur als Liegeplatz, sondern auch zum Unterwühlen, verschiedene Sockel oder Findlinge zum Klettern und einiges Spielzeug machen den Zwinger zu einer hundegerechten Kinderstube.

Ein solcher Auslauf mit Naturboden muß jährlich mindestens einmal umgegraben werden. Tägliches Aufsammeln und Beseitigen der „Häufchen" ist selbstverständlich. Urin sickert ein und wird geruchlich neutralisiert und biologisch abgebaut. In einem solchen Zwinger werden Sie nie Uringeruch bemerken, und die Welpen riechen appetitlich sauber und gesund. Vielleicht muß man sorgfältiger prüfen, ob Wurmbefall bei den Welpen und der Mutter vorliegt. Aber regelmäßige Wurmkuren, besonders vor dem Impfen, gehören ohnehin zu einer gewissenhaften Aufzucht.

Vor dem Innenraum sollte ein genügend großer Teil des Freiauslaufs überdacht sein (etwa 25–30 m^2), damit die Hündin und die Welpen auch bei Regenwetter ihr „Geschäft" draußen verrichten. Der Boden des Innenraumes sollte möglichst gefliest und wasserdicht verfugt sein. So kann der Boden jederzeit gewischt und, wenn nötig, auch desinfiziert werden.

Mit etwas Überlegung kann man seiner Hündin den Zwinger zweckmäßig und trotzdem interessant und angenehm gestalten. Ihr Platz, und das

55

möchte ich hier noch einmal ausdrücklich betonen, ist aber in erster Linie in der Familie. Deswegen sollten auch stets nur so viele Hündinnen gehalten werden, wie man optimal versorgen kann. Eine reine Zwingerhaltung der Zuchthündinnen ist keine Hobbyzucht mehr und führt dazu, daß die Hündin, die selbst zuwenig Anregung und Abwechslung genießt, auch ihren Welpen nicht die für deren Entwicklung notwendigen Erfahrungen vermitteln kann.

Was dabei in den ersten zehn bis zwölf Wochen versäumt wird, ist später nie mehr ganz zu ersetzen, oder, anders ausgedrückt, nur eine rundherum glückliche und selbstsichere Hündin ist eine Gewähr für bestveranlagte Welpen.

Zuchtplanung

Bevor Sie mit Ihrer Airedalehündin einen Wurf planen können, müssen Sie sich genau über die Zuchtbestimmungen informieren, damit es später, wenn die Ahnentafeln für Ihre Welpen beantragt werden, keine bösen Überraschungen gibt (siehe Seite 66). Am besten läßt man sich vom Züchter der Hündin beraten, welche Rüden für die Hündin geeignet sind. Sie sollten sich selbst ein eigenes kritisches Bild von den Vor- und Nachteilen der verschiedenen Verbindungen machen und sich selbständig entscheiden.

Eine rechtzeitige Anmeldung beim Rüdenbesitzer, bereits zu Beginn der Läufigkeit der Hündin, sollte eine Selbstverständlichkeit sein. Der erste Zeitpunkt für das Belegen ist meistens der 11. bis 13. Tag nach Beginn der Läufigkeit.

Genau kann man den Termin durch einen Scheidenabstrich anhand des Zellbildes im Labor eines Tierarztes bestimmen.

Besonders bei weiten Fahrten zum Rüden und unerfahrenem Besitzer der Hündin ist eine solche tierärztliche Bestimmung des optimalen Decktermins anzuraten.

Die Trächtigkeit dauert etwa 60 bis 63 Tage, wobei der 62. und 63. Tag den häufigsten Geburtstermin darstellen. Große Würfe werden meist etwas früher geboren als kleinere.

Während der zweiten Hälfte der Trächtigkeit sollen die Mahlzeiten auf zwei bis drei kleinere Portionen verteilt und im Eiweißgehalt erhöht werden. Das heißt, daß wir mit hochwertigem Frischfleisch, Quark, Eigelb und Mineralstoffen, insbesondere Kalzium, die üblichen Portionen um etwa 50 Prozent erhöhen. Auch sind häufige kleinere Spaziergänge in diesen letzten drei Wochen besonders wichtig.

(Im Literaturverzeichnis finden Sie weitere Sachbücher mit Angaben über genaue Futtermengen und Zusammensetzungen für die Trächtigkeit.)

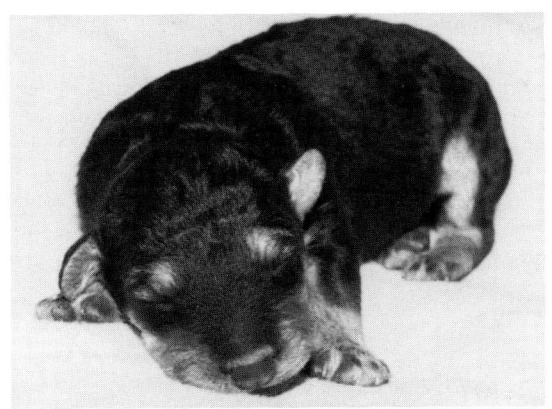

Geburt geschafft:
350 Gramm schwerer
Airedaleterrier muß sich
erstmal von den
Strapazen erholen

Geburt der Welpen

Für das Werfen wird eine besondere Wurfkiste bereitgestellt. Sie sollte etwa 1,20 m lang und 60 cm breit sein, einen Lattenrost als Boden besitzen und eine Rundumleiste von rund 5 cm Dicke in etwa 10 cm Höhe vom Boden aufweisen. Unter dieser Leiste finden die Welpen Schutz, falls die Hündin sie an den Rand der Kiste zu drücken droht. Die Höhe der Wurfkiste sollte etwa 25 cm betragen. Als Unterlage eignen sich alte Bettlaken, die man leicht wieder waschen kann, besonders gut. Ebenso sollten saubere Handtücher, eine Schere, etwas Garn zum Abbinden der Nabelschnur und eine Gefäßklemme für zu kurz abgerissene Nabelschnüre bereitliegen. Eine Waage und ein Notizblock zum Notieren der Geburtszeiten und der Gewichte der Neugeborenen sollten nicht vergessen werden.

Informieren Sie Ihren Tierarzt rechtzeitig von dem bevorstehenden Ereignis, damit Sie wissen, wie und wo Sie ihn bei Bedarf sicher erreichen können.

Den bevorstehenden Wurftermin können Sie anhand der Körpertemperatur der Hündin in den meisten Fällen zuverlässig vorausbestimmen. Ab dem 58. Tag wird zweimal täglich die Temperatur kontrolliert. Meist beträgt sie 37,3–37,5 °C. Zwölf bis 24 Stunden vor dem Geburtstermin fällt die Temperatur um ein Grad, also auf 36,3–36,5 °C.

Kommen dann Unruhe, Hecheln, Nestbau und Verweigerung der Nahrung dazu, dann steht die Geburt unmittelbar bevor. In den meisten Fällen wird die Hündin auch beim ersten Werfen instinktiv das Richtige tun.

Nach anfänglich leichten Wehen wird der erste Welpe mit zwei bis drei kräftigen Preßwehen ausgestoßen. Kommt er in seinen Fruchthüllen zur

57

Welt, müssen diese aufgerissen und der Welpe abgenabelt werden. Das besorgt die junge Hündin nach anfänglichem Zögern meist ganz allein. Man sollte ihr diese Aufgabe auch nicht voller Ungeduld zu schnell abnehmen. Sie muß es ja lernen. Nur wenn die Hündin keine Anstalten macht, das Neugeborene zu versorgen, oder wenn zwei Welpen unmittelbar nacheinander geworfen werden, sollten Sie helfend eingreifen: Hüllen aufreißen, mit einem trockenen Tuch den Welpen tüchtig rubbeln, bis er schreit, und die Nabelschnur etwa 3 cm vom Nabel entfernt mit der Schere durchtrennen, das ist alles! Dann geben Sie den Welpen der Mutter zum Belecken und Massieren.

Ein gesunder, kräftiger Welpe wird schon bald an das Gesäuge drängen und seine erste Mahlzeit einnehmen, um dann zufrieden seine erste Erholungspause nach diesem anstrengenden Unternehmen einzulegen. Bald wird er von dem zweiten und dritten Welpen unsanft geweckt, und das erste Gerangel um die warme Nahrungsquelle beginnt.

Eine Rotlichtlampe sollte zur Verfügung stehen. Sie wärmt die Welpen, regt die Durchblutung an und verhindert vor allem einen Temperaturabfall der Welpen unter 37 °C und stellt damit einen wichtigen Schutz gegen die Möglichkeit einer Herpes-Virusinfektion dar. Gefährdete Würfe werden sofort nach der Geburt mit Baypamun zur Anregung der unspezifischen, körpereigenen Abwehrmechanismen versorgt. Daß die Hündin ausreichend geimpft ist, sollte heute selbstverständlich sein. Zu diesen Impfungen gehören in jedem Fall Staupe-, Hepatitis-, Leptospirose- und Parvovirusvaccinen.

In der Regel ist das Werfen bei einer jungen Hündin nach wenigen Stunden beendet. Bei älteren Hündinnen und sehr großen Würfen (zwölf Welpen) können zwölf Stunden und mehr noch normal sein. Bei anhaltenden, erfolglosen Preßwehen oder Pausen von mehr als zwei Stunden sollte der Tierarzt um Rat und Hilfe gebeten werden.

Ist das Werfen beendet, streckt sich die Hündin zufrieden und entspannt in der Wurfkiste aus, die Welpen haben pralle Bäuchlein, und man kann eine erste Bestandsaufnahme machen. Wieviel Rüden, wieviel Hündinnen? Ist es ein ausgeglichener Wurf oder bestehen erhebliche Größen- und Gewichtsdifferenzen? Dabei braucht der kleinste Welpe, wenn er munter und agil ist, durchaus nicht der schlechteste zu sein. Das normale Geburtsgewicht beträgt 300–400 g.

Sind weiße Flecken an der Brust und an den Pfoten vorhanden? Brustflecken können gut zur Unterscheidung der Welpen herangezogen werden. Sie sind kein Fehler, solange sie nicht größer als ein Fingernagel sind oder die ganze Brust bedecken. Sie wachsen sich in den ersten acht Wochen fast ganz aus. Weiße Flecken an den Pfoten sollten höchstens die Zehen betreffen. Sind die ganze Pfote und die Ballen weiß gefärbt, besteht die

Wichtig für die korrekte Ausbildung der Front des Airedale; die Futterschüssel wird etwas höher gestellt

Gefahr, daß die Pfote weiß bleibt und der ausgewachsene Hund dann nicht dem Standard entspricht. Helle Nasenspiegel kommen vor und sollten in den ersten Tagen verschwinden.

Glattes Haar wie bei einem kleinen Maulwurf ist ideal. Es bekommt meist die richtige rauhe Struktur. Stark gewelltes und gelocktes Haar ist zu weich und wächst sich meist zu sogenannten Woolys, den Wollhaarigen, aus, die ebenfalls nicht erwünscht sind, da sie in Haarqualität und Farbe nicht dem Standard entsprechen. Auch Gaumenspalten und Hasenscharten können vorkommen, sind aber beim Airedale selten. Solche Welpen sind vom Tierarzt schmerzlos zu töten, ebenso zu schwache, nicht agile und nicht lebensfähige Welpen. Es ist besser, einen etwas kleineren, dafür aber dann kerngesunden Wurf zu haben, als einen Kümmerling mit allen Mitteln aufzuziehen, der die Hündin und den ganzen Wurf beunruhigt und ein Sorgenkind bleibt.

Am zweiten Tag sind die Welpen kräftig genug, um kupiert zu werden. Dabei werden die Ruten um etwa ein Drittel gekürzt. Die Rute soll beim erwachsenen, aufrecht stehenden Hund die gleiche Höhe wie das Hinter-

59

haupt haben. Bei langem Hals darf daher nicht zu kurz kupiert werden. Zu lange Ruten dagegen werden selten korrekt getragen. Es gehört also schon Erfahrung dazu, das richtige Maß zu finden. Das erste Mal hilft dabei der Zuchtwart des KFT, der in den ersten Tagen den neuen Wurf besichtigt und dem Züchter mit Rat und Tat zur Seite steht. Ebenso sollten die Daumenrudimente an den Vorderpfoten am zweiten Tag entfernt werden. Sie sind dem erwachsenen Hund nur hinderlich, da er sie doch nicht benutzen kann, und führen bei Gebrauchshunden nicht selten zu schmerzhaften Verletzungen. Auch wachsen die rudimentären Krallen, da sie ja nicht abgenutzt werden, leicht zu einem Ring mit scharfer Spitze, der dann wieder in das Nagelbett einwächst. Eine sehr schmerzhafte und überflüssige Tortur.

In den ersten drei Lebenswochen ernährt die Hündin die Welpen in der Regel allein. Bei sehr großen Würfen oder nicht ausreichender Milchmenge kann mit der Flasche Welpenmilch zugefüttert werden. Bei Gewichtskontrollen sollten die Welpen etwa 50 bis 100 Gramm täglich an Gewicht zunehmen. Nach zehn Tagen sollte das Geburtsgewicht verdoppelt sein.

Pflege der Hündin nach der Geburt

Die Hündin wird nach dem Werfen in den ersten drei Tagen mit leichtverdaulicher Schonkost gefüttert. Sie hat meist noch eine etwas erhöhte Temperatur (bis 39 °C) und neigt zu Durchfällen mit dunklem Stuhl, da sie einige Nachgeburten verdauen muß. Leicht suppige Mahlzeiten aus gekochten Haferflocken oder Reis mit magerem, zerkleinertem Rindfleisch und Mineralsalzgemisch und etwas Speisesalz werden am liebsten gefressen. Ausreichend Frischwasser muß jederzeit bereitstehen. Zwieback oder Knäckebrot mit etwas Butter ist als Ergänzung geeignet. Danach geht man allmählich auf normale, hochwertige Kost über und steigert die Mengen den Anforderungen der Welpen entsprechend. Die Hündin darf dabei aber nicht soviel Futter bekommen, daß sie rund und fett wird. Sie sollte bei Abgabe der Welpen mit zehn bis zwölf Wochen erstklassig aussehen, gut genährt, aber nicht zu dick, mit nur noch wenig Gesäuge und in guter Haarkondition. Deshalb ist es richtig, die Hündin bald nach der Geburt ganz abzutrimmen, damit nach zehn bis zwölf Wochen das neue Haar – es wächst langsamer als sonst – wieder nachgewachsen ist und die Hündin nicht wie ein verwahrloster, zotteliger Teddy herumläuft.

Eine gut aussehende Zuchthündin ist für den Interessenten der Welpen die beste Visitenkarte des Zwingers. Richtig gehalten, kann eine Hündin schon ein Vierteljahr nach dem Wurf wieder eine Spitzenausstellungshündin sein. Sie ist dann in jeder Beziehung der Stolz des Züchters.

Die Welpen

In den ersten drei Lebenswochen versorgt die Hündin ihre Welpen normalerweise allein. Sorgfältig putzt sie Urin und Darminhalt beim eifrigen Belecken und Massieren der kleinen Bäuchlein weg. Den Welpen behagt das sehr. Sie geben sich große Mühe, ihre Geschäftchen während der Massage zu produzieren und sind ausgesprochen zufrieden, wenn das geschafft ist. Diese Prozedur ist so wichtig für das Wohlergehen der Welpen, daß man notfalls, wenn die Mutter zum Beispiel nach einem Kaiserschnitt oder bei einem zu großen Wurf nicht in der Lage ist, alle Welpen sorgfältig zu versorgen, diese Arbeit selbst übernehmen muß. Nach jedem Fläschchen muß dann mit einem weichen, feuchtwarmen Tuch massiert und geputzt werden, bis Darm und Blase entleert sind.

Nach acht bis zehn Tagen ist die erste Wurmkur mit einer Wurmpaste notwendig, um das Heranwachsen eventuell vorhandener Wurmlarven zu geschlechtsreifen Würmern zu verhindern. Sonst gibt es einen Verwurmungskreislauf ohne Ende. Anschließend wird, wenn notwendig, einmal wöchentlich entwurmt und vor dem Impfen eine Sammelkotprobe untersucht, um festzustellen, ob die Welpen sauber sind. Verwurmte Welpen können nach der Impfung nämlich keinen ausreichend hohen Antikörpertiter bilden und bleiben ungeschützt.

Mit zwölf, manchmal sogar erst mit 14 Tagen werden die Augen geöffnet. Die Welpen dürfen dann nicht etwa in der hellen Sonne liegen, sondern etwas abgedunkelt und geschützt, bis nach einigen Tagen die anfänglich blaue Farbe der Augen ausreichend pigmentiert ist. Jetzt werden die Welpen unternehmungslustig und beginnen, Kontakte zu den Wurfgeschwistern aufzunehmen und ihre nähere Umgebung zu erforschen.

Mit 14 Tagen kontrollieren Sie bitte auch die Krallen der Welpen. Sie sind meistens bereits so spitz und scharf, daß das Gesäuge der Hündin beim temperamentvollen Ansturm der Welpen arg zerkratzt wird. Die kleinen Krallen werden deshalb mit einer Nagelschere gekürzt, und zwar nur so, daß die scharfen Spitzen entfernt werden, das sind etwa ein bis zwei Millimeter. Jede Woche müssen sie dann einmal kontrolliert werden.

Ab der dritten Woche, wenn die ersten Milchzähnchen erscheinen, beginnt man mit dem Zufüttern der Welpen. Man bietet ihnen am besten zweimal täglich etwas rohes Tatar mit Dosenmilch vermischt an. Ein bis zwei Teelöffel genügen für jeden Welpen am Anfang. Allmählich werden

61

Matzingerflocken oder zarte, gekochte Haferflocken und etwas Vitamin-Mineralsalz-Gemisch zugefügt und die Portionen je nach Appetit der Welpen gesteigert.

Mit sechs Wochen werden die Welpen viermal täglich zu genau festgesetzten Zeiten gefüttert (siehe auch Futterplan für Welpen, Seite 35). Mit der siebten bis achten Woche bekommen die Welpen ihre ersten Schutzimpfungen. Bei akuter Gefahr, zum Beispiel bei Parvovirus, auch schon früher. Den für Ihre Welpen besten Impfplan sollten Sie mit dem Tierarzt besprechen. Geimpft wird gegen Parvovirose, Staupe, Hepatitis, Leptospirose und eventuell auch schon gegen Tollwut. In der elften bis vierzehnten Woche sind dann die Wiederholungsimpfungen zur Ausbildung ausreichend hoher und damit sicherer Antikörpertiter gegen die einzelnen Infektionen notwendig. Diese Impfungen werden dann später in ein- bis zweijährigen Abständen wiederholt, damit jederzeit ein sicherer und belastungsfähiger Impfschutz (Immunität) besteht. Außer der richtigen Ernährung, der sorgfältigen Entwurmung und dem rechtzeitigen Impfen ist aber auch die Kenntnis und Beachtung der verschiedenen Entwicklungsphasen eines Welpen wichtig.

Man unterscheidet beim Aufwachsen der Welpen:
– Die vegetative Phase   =   1. und   2. Woche
– Die Übergangsphase   =   3. Woche
– Die Prägungsphase   =   4. bis   7. Woche
– Die Sozialisierungsphase   =   8. bis 12. Woche

Die **vegetative Phase** besteht in erster Linie aus Trinken und Schlafen. Augen und Ohren sind noch geschlossen. Der Geruchssinn ist nur unvollkommen ausgebildet. Der Welpe orientiert sich hauptsächlich mit seinem Wärmeempfinden und Tastsinn. Das Saugen, der Milchtritt, Lautäußerungen und das Kriechen in typischer Kreisbewegung sowie das Drängeln an den Zitzen sind seine Lebensäußerungen.

In der **Übergangsphase** der dritten Woche beginnt die Kontaktaufnahme zu den Geschwistern und das Entdecken der näheren Umgebung. Die Augen und Gehörgänge öffnen sich. Die erste Kontaktaufnahme zum Menschen beginnt. Wie das geschieht, die Häufigkeit und Art unserer Zuwendung, ist schon der erste Beginn unserer Einflußnahme und Erziehung. Allmählich verlassen die Welpen in zaghaften Versuchen die Wurfkiste. Sie versuchen außerhalb der Wurfkiste zu nässen und kehren nach getaner Arbeit ins Nest zurück. Wichtig ist auch bereits in diesem Alter, daß die Welpen nicht völlig geräuschisoliert aufwachsen. Eine regelmäßige Geräuschkulisse durch Ansprache, Geräusche der Futterschüsseln und eventuell eine „Radioberieselung" für begrenzte Zeit gewöhnen die Wel-

Josch –
Wieso Herrchen's Zeitung?

pen an unterschiedliche Frequenzen. Sie reagieren dann später viel ruhiger auf fremde akustische Eindrücke.

Die **Prägungsphase** (4. bis 7. Woche). Diese Zeit ist sehr wichtig für die Entwicklung der Welpen, und Fehler und Unterlassungssünden in diesem Zeitabschnitt sind später nicht wiedergutzumachen. Die Welpen sind jetzt an allem interessiert und neuen Erfahrungen gegenüber besonders aufgeschlossen. Ein steriler, langweiliger, kahler Zwinger mag zwar sehr hygienisch sein, aber die Welpen trödeln vor sich hin und versäumen die wichtigsten Lernprozesse. Im Spiel mit der Mutter, den Geschwistern und weiteren Artgenossen wird das Verhalten untereinander geschult und erlernt. Im täglichen Kontakt mit dem Züchter, dessen Kindern und eventuellen Besuchern wird das Vertrauen zum Menschen aufgebaut.

Es reicht einfach nicht aus, wenn die Welpen den Züchter nur beim Füttern und Zwingersäubern kurz zu sehen bekommen. Sie brauchen Zeit, um uns kennenzulernen und um kontaktfreudige, unerschrockene Welpen zu werden. Es gibt für unsere Welpen in diesem Alter nichts Schöneres, als wenn wir uns in alten Sachen mitten zwischen die wilde Schar setzen und

63

jeder Welpe an uns knabbern, beißen, ziehen, zupfen, schnuppern, klettern und mit uns spielen kann. Das kann ganz schön strapaziös werden. Es sind aber wohl die schönsten Stunden im Welpenzwinger, in denen wir vor allem schon erste Unterschiede in der Veranlagung der Welpen erkennen und auch behutsam steuern können.

Die **Sozialisierungsphase** (8. bis 12. Woche). Die Airedalewelpen brauchen in diesem Alter zunächst noch die Gruppe, in der sie sich geborgen fühlen. Gemeinsam mögen sie auf Entdeckungsreisen gehen, sich gegenseitig unterstützen oder gegeneinander kleine Positionskämpfe ausfechten. Immer schauen sie zu den anderen, als wollten sie fragen: Wie findest du das denn, zum Fürchten oder zum Angreifen? Lustig oder bedenklich? Gemeinsam erlebt sich alles leichter und besser.

In dieser Zeit kommen die Welpen einzeln oder zu zweit ins Haus und ins Auto, auf eine nahegelegene Wiese oder werden alle gemeinsam zu ihren ersten Spaziergängen mit der Mutter mitgenommen. Sie lernen die erste Leine kennen, lernen auf Rufen zu kommen, zum Beispiel, um ihre Kalktabletten als Belohnung zu erhalten, und können schon einmal erste konsequente erzieherische Maßnahmen unsererseits kennenlernen.

Früher oder später löst sich der eine oder andere aus der Gruppe und erkundet seine Umwelt auf eigene Faust. Er möchte uns für sich allein beanspruchen und am liebsten ganz in unserer Nähe bleiben. Das kann in der zehnten oder zwölften Woche sein, bei dem einen früher, bei dem anderen später. Auf jeden Fall ist das der richtige Zeitpunkt zur Abgabe des Welpen in seine neue Familie, die er möglichst durch vorherige Besuche schon etwas kennengelernt haben sollte.

Mit Futterplan, Impfpaß, möglichst auch schon mit der fertigen Ahnentafel und versehen mit vielen guten Wünschen geht unser Welpe nun in seine neue, eigene Welt. Er sollte damit aber nicht aus unserer Verantwortung entlassen sein, sondern der neue Besitzer sollte stets die Möglichkeit haben, bei anfänglichen Schwierigkeiten oder besonderen Problemen bei seinem Züchter Rat und Hilfe zu bekommen.

Denn nur wer die weitere Entwicklung und den Werdegang seiner Welpen im Auge behält, kann beurteilen, was und wie gut er eigentlich gezüchtet hat. Nicht vermehren, sondern verbessern der Rasse sollte der Grundsatz jeder züchterischen Tätigkeit sein.

„Keen expression" – kaum zu übersetzen

Die Zuchtbestimmungen für die Airedaleterrier-Zucht in Deutschland

Für die Airedale-Zucht im Klub für Terrier (KFT) gibt es Zuchtbestimmungen. Das sind Regeln zur Erhaltung und Förderung einer hohen Qualität der gezüchteten Hunde und zur Verhinderung der Ausbreitung unerwünschter Merkmale und Eigenschaften innerhalb der Rasse. Darüber hinaus gibt es Regeln zum Schutz der Hündin vor Überforderung bei ständiger Zuchtausnutzung.

Wie sehen diese Zuchtbestimmungen aus?

Im KFT werden nur Hunde mit Ahnentafeln, die von der FCI (Fédération Cynologique Internationale) anerkannt sind, zur Zucht zugelassen.

Airedaleterrier besuchen vor der Zuchtverwendung eine Zuchtzulassungsprüfung (ZZP).
Diese besteht aus:

1. Beurteilung durch einen anerkannten Formwertrichter entsprechend dem Standard. – Hunde, die dem Standard nicht entsprechen, bestehen die Prüfung nicht und dürfen folglich nicht zur Zucht benutzt werden.

2. Beurteilung des Wesens durch einen anerkannten Leistungsrichter. Hunde, die erhebliche Wesensmängel zeigen, wie besondere Ängstlichkeit, Schreckhaftigkeit und Schußangst, bestehen die Prüfung nicht und dürfen nicht zur Zucht verwendet werden.

Die ZZP darf einmal wiederholt werden.

Airedaleterrier, die ein Ausstellungsergebnis von mindestens „Sehr gut" und eine Schutzhundprüfung (SchH I, SchH II oder SchH III) aufweisen können, entsprechen den Bedingungen der ZZP und brauchen diese Prüfung nicht mehr zu absolvieren.

Das gleiche gilt für Hunde, die eine VB-(Verkehrssicherer Begleithund)Prüfung oder eine Jagdgebrauchshund-Prüfung erfolgreich absolviert haben, ebenfalls in Verbindung mit einem Ausstellungsergebnis.

Seit dem 1. 1. 1981 werden alle Airedaleterrier im KFT, die zur Zucht verwendet werden sollen, auf Hüftgelenksdysplasie (HD) geröntgt. Die Aufnahmen werden entsprechend den Vereinbarungen der FCI von dafür zugelassenen Tierärzten und tierärztlichen Kliniken hergestellt und (in der Freien Universität Berlin von dem Röntgenologen Prof. Dr. Hartung) einheitlich ausgewertet. Nur Hunde, die HD-frei oder HD-Grenzfall sind, werden zur Zucht benutzt; diese Hunde erhalten die Bewertung HD-frei (A_1–A_2) oder HD-Grenzfall (B_1–B_2) in die Ahnentafel. Frühester Röntgentermin ist der vollendete zwölfte Lebensmonat.

Hunde, die mit zwölf bis achtzehn Monaten die Bewertung HD-Grenzfall erhalten, müssen nach einem Jahr noch einmal nachgeröntgt werden. Hat sich das Ergebnis nicht verschlechtert, gilt die Zuchterlaubnis lebenslang. HD-Grenzfall darf nur mit HD-freien Partnern zur Zucht verwendet werden.

Hündinnen werden ab fünfzehn Monaten bis zum vollendeten achten Lebensjahr zur Zucht zugelassen. Ältere Hündinnen nur auf besonderen Antrag und mit tierärztlichem Gesundheitszeugnis. Hat eine Hündin zwei Würfe hintereinander aufgezogen, wird eine Hitze ausgesetzt. Das gleiche gilt bei großen Würfen mit mehr als sechs Welpen.

Außer den normalen Ahnentafeln gibt es noch solche für besondere Leistungen, zum Beispiel

– **Auslese-Ahnentafel**
Beide Eltern und ein Großelternteil haben fünfmal die Bewertung „V" (vorzüglich) auf einer Ausstellung erhalten. Es müssen also fünfzehn „V" nachgewiesen werden.

– **Champion-Nachzucht-Ahnentafel**
Beide Eltern und ein Großelternteil haben mindestens je einen Siegertitel wie zum Beispiel Englischer Champion, Deutscher Champion usw.; Tagestitel wie Bundessieger, Europasieger und andere genügen nicht.

– **Leistungszucht-Ahnentafel**
Beide Eltern und ein Großelternteil haben mindestens je ein Ausbildungskennzeichen, zum Beispiel SchH I, SchH II oder SchH III. Diese Schutzhundprüfungen entsprechen den Leistungsprüfungen der Gebrauchshundrassen.

– **Körzucht-Ahnentafel**
Auf Wunsch vieler Züchter ist darüber hinaus eine Körordnung für Airedaleterrier erarbeitet worden. Je nach Qualität und Leistung werden die Hunde in die Körklassen I und II eingestuft.

Körklasse I beinhaltet:
Ausdauerprüfung
Schutzhundprüfung SchH I–III
HD-frei
3× die Bewertung „vorzüglich" auf einer Zuchtschau
Körprüfung

Körklasse II beinhaltet:
Ausdauerprüfung
HD-frei oder Grenzfall

67

Eine typische Airedalehündin englischer Zucht: Ch. Kardon Kalypso, Sieger der Cruft's Dog Show 1984

3× „vorzüglich" oder „sehr gut" auf einer Zuchtschau
Körprüfung
Sind beide Eltern eines Wurfes angekört, erhalten die Welpen Ahnentafeln mit der Aufschrift: „Körzucht".

Die Welpen werden frühestens mit acht Wochen abgegeben und zuvor zweimal von einem Zuchtwart des KFT besucht. Der Zuchtwart sendet nach seinem letzten Besuch einen Wurfmeldeantrag mit allen Angaben über die Elterntiere, die Welpen, Impfungen usw. an den Klubzuchtwart zur Bearbeitung. Gleichzeitig werden die Welpen mit ihrer jeweiligen Zuchtbuchnummer tätowiert. Die Herkunft und Identität des Hundes ist so jederzeit nachweisbar.

Das sind eine ganze Reihe von Spielregeln, die bei der Zucht in der Bundesrepublik Deutschland eingehalten werden müssen. Aber wir möchten diese schöne und liebenswerte Rasse nicht nur vermehren, sondern die Qualität der Hunde, die unsere Ahnentafeln erhalten, so hoch wie möglich halten, sowohl im Exterieur als auch im Wesen, dessen Erhaltung und Förderung uns besonders am Herzen liegt. Das ist unser Anliegen.

Das Ausstellungswesen

Der Ausstellungssport

Einmal sollte jeder Airedale ausgestellt werden, damit er von einem Formwertrichter beurteilt wird. Es gibt in Deutschland fast an jedem Wochenende eine oder manchmal sogar mehrere Zuchtschauen des Klubs für Terrier (KFT), an denen zusammen 100, 200 und mehr Hunde der verschiedenen Terrierrassen teilnehmen. Diese Ausstellungen finden entweder im Freien oder in einer geeigneten Halle statt und stellen ein buntes Treiben und spannendes Treffen zunächst etwas aufgeregter, später mehr oder weniger zufriedener Aussteller, Richter, Terrierfreunde, Besucher und vor allem Hunde dar.

Arne – Schönheit und Leistung sind die Voraussetzung für den Titel Deutscher Champion

Die einzelnen Rassen werden getrennt gerichtet, jeweils in verschiedenen Klassen für Rüden und Hündinnen, und unterteilt in Jugendklasse (neun bis achtzehn Monate), Offene Klasse (ab fünfzehn Monate), Gebrauchshundklasse (für Hunde mit SchH I bis III), Zuchtklasse (für Hunde im Besitz des Züchters) und Siegerklasse (Hunde mit Championtitel). Die Bewertungen reichen von „nicht genügend", „genügend", „gut", „sehr gut" bis „vorzüglich". Bewertet werden die Anatomie, die Bewegung, die Haarqualität und Farbe und die Art und Weise, wie der Hund sich im Ring zeigt. Er soll dabei weder aggressiv noch scheu und ängstlich sein, sondern lebhaft und aufmerksam am Geschehen teilnehmen. Aus den Klassengewinnern werden der beste Rüde und die beste Hündin und anschließend der beste Hund der jeweiligen Rasse ermittelt.

Der beste Rüde und die beste Hündin erhalten das CAC (Certificat d'aptitude au championat), das ist eine Anwartschaft auf den Titel Deutscher Champion. Das gleiche gilt für die Gewinner der Jugendklassen für den Titel KFT-Jugendchampion.

Für den Titel Deutscher Champion braucht man vier CAC in mindestens drei verschiedenen Bundesländern unter mindestens drei verschiedenen Richtern. Zwischen der ersten und letzten Anwartschaft muß mindestens ein Jahr liegen. Außerdem muß der Hund die Schutzhundprüfung SchH I abgelegt haben. Ohne SchH I führt er den Titel Deutscher Ausstellungschampion.

Die Besten der einzelnen Rassen treffen sich abschließend noch einmal zur Ermittlung des besten Terriers. Es ist immer ein besonders schönes Bild, wenn die bunte Vielfalt unserer Terrierrassen mit ihren besten Vertretern gemeinsam im Ring erscheint. Bei dieser Gelegenheit ist schon mancher Besucher zum Terrierfan geworden. Das genaue Ausstellungsreglement gibt es als Informationsschrift beim KFT.

Die ganze Atmosphäre einer Ausstellung und die Begegnung mit Gleichgesinnten können zu einem schönen und spannenden Hobby werden, dem Ausstellungssport. Um hier erfolgreich zu sein, muß jeder zunächst einiges Lehrgeld bezahlen, denn selbst der bestveranlagte Junghund braucht einen erfahrenen Führer (engl.: handler), damit er im Ring im entscheidenden Augenblick das Beste aus sich zu machen weiß und nicht nur herumkaspert. Dazu gehört, daß der Hund immer in Topkondition gehalten wird, sowohl ernährungsmäßig wie auch vom Haarkleid her.

Das korrekte Trimmen mit richtiger Zeitplanung für eine bestimmte Schau will gelernt sein. Und jeder Hund ist anders veranlagt und braucht seine spezielle Vorbereitung. Aber aus Fehlern lernt man, und wer sich mit Begeisterung und Ausdauer diesem Sport verschreibt, wird an so manchem schönen Wochenende durch die Erfolge, die er gemeinsam mit seinem Hund oder seinen Hunden erreicht, belohnt. Denn gerade ein Airedale bietet seinem Besitzer so viele Möglichkeiten des gemeinsamen Erlebens, von denen der Ausstellungssport, richtig verstanden, einer der schönsten sein kann.

Hat man gute Erfolge, wird man auch den Besuch einer internationalen Ausstellung, einer sogenannten CACIB-Schau, wagen. Diese Ausstellungen werden vom Verband für das Deutsche Hundewesen (VDH) veranstaltet. Sie finden meist in größeren Städten einmal jährlich und stets in einer größeren Ausstellungshalle statt. Oft gehen diese Schauen über zwei Tage, und die Meldezahl beträgt jeweils etwa 2000 Hunde aller Rassen. Die Airedales werden auf diesen Ausstellungen ebenfalls vom KFT betreut.

Außer dem CAC wird auf diesen Schauen das begehrte CACIB vergeben, das ist eine Anwartschaft auf den Titel Internationaler Champion. Von diesen Ausstellungen ist es nur noch ein kleiner Sprung ins Ausland zu den dortigen CACIB- oder CAC-Schauen. Und schon ist man mit seinem Airedale im internationalen Kreis der Airedalefreunde zu Hause, und so manche Freundschaft über die Grenzen hinweg bleibt über lange Jahre erhalten.

Andere Länder, neue Freunde, viele Erlebnisse, Anregungen und Erfahrungen ergänzen den eigentlichen Ausstellungssport und machen ihn erst zu einem interessanten, spannenden und erfolgreichen Hobby. Nicht nur das Gewinnen, sondern dabeigewesen zu sein, sollte das Entscheidende sein.

Die Vorbereitung des Airedale für die Ausstellung

Will man am Ausstellungssport auf Dauer Freude haben, so gehört auch etwas Erfolg dazu. Das erfordert einiges Interesse an den Notwendigkeiten, die den Erfolg ermöglichen. Auch hier gilt „Ohne Fleiß kein Preis". Zunächst muß man einmal lernen, ohne Groll verlieren zu können. Aus den ersten Mißerfolgen kann man lernen, und jeder hat einmal klein angefangen. Erfolgreich ist auf die Dauer derjenige, der bei fundierter Kenntnis des Standards sich den richtigen Blick für das aneignen kann, was wir unter einem erstklassigen Airedale verstehen.

Zunächst braucht man einen formschönen, gut veranlagten Hund. Mit Überlegung und etwas Glück, das gehört dazu, ist das nicht unmöglich. Der Welpe oder Junghund muß dann gezielt für die Ausstellungszeit vorbereitet und aufgebaut werden. Die Kondition muß erstklassig sein, das haben wir selbst in der Hand. Dazu gehört eine optimale Fütterung, viel Bewegung und absolute Gesundheit. Daß die notwendigen Schutzimpfungen vorgenommen werden, sollte selbstverständlich sein. Ein ganz wesent-

71

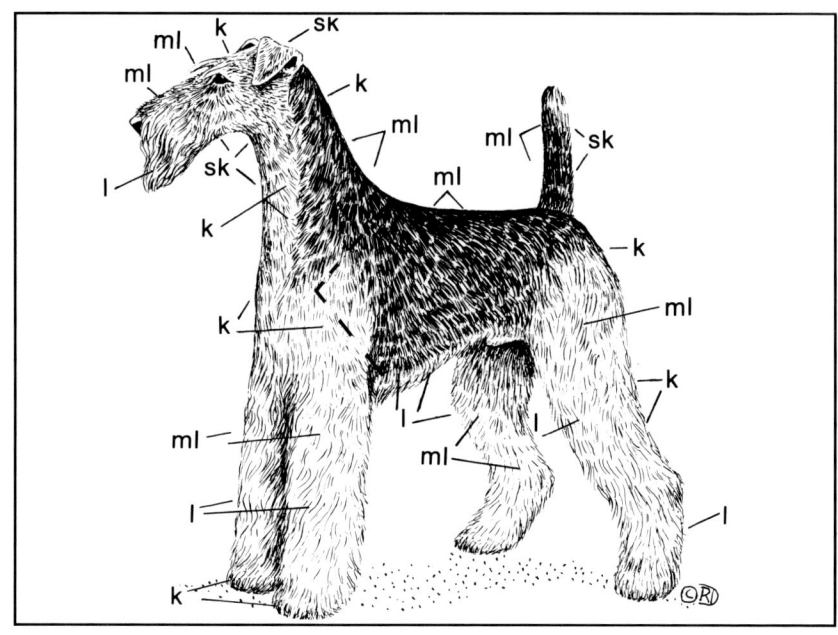

Ausstellungsvorbereitung, zeichnerisch erklärt:
sk = sehr kurz, k = kurz, ml = mittellang, l = lang.
Das richtige „timing" vor der Ausstellung:
sk: etwa 8 bis 10 Tage vorher, k: etwa 14 Tage vorher, ml: etwa 6 bis 8 Wochen vorher,
l: mindestens 6 Monate und länger

licher Punkt ist dann beim Airedale neben der Haarqualität und Farbe das gekonnte Ausstellungstrimming. Neben dem richtigen Timing, das meint den bei jedem Hund etwas anderen Zeitpunkt des Trimmens vor der Schau, spielt die Formgebung eine ganz wichtige Rolle.

Das Timing. Mindestens sechs bis acht Wochen vor der Schau wird der Airedale ganz abgetrimmt, und zwar mit einem stumpfen Trimmesser. Dabei wird alles lose Haar entfernt, und es bleiben nur wenig junges, kurzes Deckhaar und wenig Unterwolle stehen. Nur das Haar am Bart und an den Läufen wird geschont und nur so weit durchgetrimmt, daß altes, überständiges und damit verblassendes Haar entfernt wird. Das Deckhaar auf dem Rücken und an den Seiten kann laufend so nachgetrimmt werden, daß der Hund eine Ausstellungssaison lang in Topform gehalten wird. Das tanfarbene Haar am Kopf, am Hals und an den Schultern wird etwa

Montgamery County Terrier Show 1989 in Philadelphia/USA

*Kewin Brown
mit Pollux.
Das Vorstellen des Airedale
im Ausstellungsring:
Im entscheidenden
Moment muß alles stimmen:
Anatomie, Haltung,
Ausdruck – das ist
„handling"*

73

vierzehn Tage vor der Schau nochmals ganz kurz getrimmt, und zwar wieder nur mit einem stumpfen, engzahnigen Trimmesser. Die Ohren werden etwa acht bis zehn Tage vor der Schau nochmals kurz getrimmt und mit der Schere sauber besäumt. Ebenso werden Pfoten und die Rute auf vorstehende Haare, auch zwischen den Ballen, kontrolliert und bekommen den letzten Schliff. Ein guter Pfotenstand ist nur nach richtigem Trimmen erkennbar.

Nach jedem Trimmen kann das Haar, besonders am Bart und an den Läufen, mit einer Mischung aus Wasser, Ballistol, Klettenwurzelöl, Franzbranntwein und ähnlichem angefeuchtet und mit einer grobzahnigen Drahtbürste (von Hindes, England) massiert werden. Dadurch wird das Haar gepflegt und ernährt und bricht nicht so leicht. Es läßt sich auch leichter kämmen und in Form bringen.

Die Formgebung. Sie ist ein weiterer Punkt des Ausstellungstrimmens und erfordert einen guten Blick. Dabei werden die guten Punkte des Hundes betont, zum Beispiel eine gute obere Linie, ein eleganter Halsaufsatz. Die dem Standard weniger entsprechenden Punkte, und welcher Hund hätte die nicht, werden soweit möglich geschickt ausgeglichen. Grobe Fehler kann man damit allerdings nicht aus der Welt schaffen, und das ist auch gut so. Man kann jedoch zum Beispiel einen etwas tiefen Rutensitz durch längeres Haar am Ansatz verbessern; ein schmaler Hund bekommt durch mehr Haar am Brustkorb und in den Flanken mehr Fülle; leichte Stellungsfehler der Läufe können ausgeglichen werden. Ernste Fehler der Vor- und Hinterhand werden allerdings spätestens beim Vorführen in der Bewegung unübersehbar. Wie man seinen Airedale am besten „herausbringt", lehrt auch wiederum nur die Erfahrung. Gutgemeinte Ratschläge von Züchtern, Richtern und anderen Ausstellern helfen dabei, solange man zu den Anfängern gerechnet wird. Mit zunehmendem Erfolg läßt das naturgemäß nach.

Das Vorführen im Ring
(handling, sagen die Engländer dazu)

Ein weiterer, ganz wichtiger Punkt ist das Vorführen. Ein anatomisch perfekter, gut getrimmter Hund wird zwar positiv auffallen, aber siegen wird er nur, wenn sein Führer es versteht, die Vorzüge seines Hundes zum rechten Zeitpunkt zu präsentieren. Dafür muß der Airedale vom Welpenalter an lernen, sich anfassen und aufbauen zu lassen, damit man ihm, wenn er im Ring dran ist, helfen kann. Es ist einfach eine Gewohnheitssache, daß der Hund, zum Beispiel beim Trimmen auf dem Tisch, und zwischendurch des öfteren einmal zu Hause aufgebaut und in bestmögliche Position gebracht wird. Da seine beste Haltung die ist, die er von selbst

74

Das Training für den Ausstellungsring erfordert Können und Geduld im Umgang mit dem Hund

einnimmt, wenn er sich präsentieren will, stellt dieses sogenannte „handling" eine Unterstützung seines natürlichen Verhaltens dar.

Das gleiche gilt für die Vorführung des Hundes in der Bewegung. Das will geübt sein. Der Hund soll frei und raumgreifend laufen, die Läufe sollen dabei, von vorn und hinten gesehen, parallel zueinander bewegt werden. Das beste Tempo dafür ist bei jedem Hund unterschiedlich. Bei guten Winkelungen zum Beispiel ist mehr Tempo angebracht, um die raumgreifende, schwungvolle Bewegung zu zeigen. Bei weniger guten Winkelungen und etwas steilerer Stellung der Schulter und Hinterhand kann der Airedale durchaus noch harmonische und gut ausbalancierte Bewegungen zeigen, nur eben in dem ihm angemessenen geringeren Tempo. Bei der Vorstellung des einzelnen Hundes kann man so wichtige Punkte gewinnen oder verschenken. Immer aber soll der Airedale so vorgestellt werden, daß die Individualität seines Wesens zum Ausdruck kommt. Bei allem noch so perfekten „handling" macht das schließlich den Sieger aus.

„Quality and Personality", das ist es, was ein Spitzen-Airedale präsentieren soll. Besonders deutlich wird diese Forderung, wenn zum Ende der Konkurrenz der beste Rüde und die beste Hündin sich gegenüberstehen. Hier entscheiden meist Typ und Ausstrahlung und die Fähigkeit des Führers, seinen Hund bis zuletzt bei guter Laune zu halten.

Der alternde Hund

Wenn unser Airedale älter wird, hat er in den meisten Fällen viele Jahre gemeinsam mit uns gelebt und war stets unser fröhlicher und verständiger Begleiter. Wenn er jetzt bewußt und mit Überlegung seinem zunehmenden Alter entsprechend gehalten und gepflegt wird, können wir mit etwas Glück bis zu seinem 12. und 13. Lebensjahr und länger noch sehr viel Freude an und mit ihm haben.

Da der Airedale eine besonders lange Entwicklungsphase durchläuft, bis er mit drei bis vier Jahren langsam etwas „erwachsener" wird, beginnt auch sein Älterwerden erst ab etwa dem achten Lebensjahr. Ab diesem Zeitpunkt gilt für ihn so manches, was wir schon aus seiner Welpenzeit kennen, zum Beispiel größere Schlaf- und Ruhepausen, öfter kleinere Spaziergänge als zu große Strapazen, besser zwei halbe Mahlzeiten als eine große. Vor allem sollte der Futterplan wieder leichter verdauliche, hochwertige Nahrung enthalten.
– Zum Beispiel Flockenfutter als Grundlage, gemischt mit Fleisch und Gemüse; Mineralien und Vitamine als Zusatz in Tablettenform. Ausreichende Frischwassermengen. Keine Knochen, da sie unter anderem Kot verhärten und die regelmäßige Verdauung erheblich durcheinander bringen.

Besonders wichtig ist jetzt regelmäßiges Bürsten und Kämmen, um die Hautdurchblutung anzuregen. Auch sollte regelmäßig, etwa alle sechs bis acht Wochen, getrimmt werden, um eine ständige Erneuerung des Haares und damit eine gute Haarqualität und Haarfarbe bis ins hohe Alter zu bewirken.

Eine regelmäßige Gesundheitskontrolle, mindestens einmal im Jahr durch „seinen" Tierarzt, ist Voraussetzung für ein frühes Erkennen beginnender altersbedingter Leber-, Nieren- oder Herzschäden, die, rechtzeitig erkannt, in Grenzen gehalten werden können, ohne Folgeerkrankungen nach sich zu ziehen.

Bei der Hündin ist der Häufigkeit und Dauer sowie dem Verlauf der Läufigkeiten besondere Aufmerksamkeit zu schenken. Treten Schwierigkeiten auf, ist es ratsam, die Hündin operieren zu lassen, wobei Eierstöcke und Gebärmutter entfernt werden. Die größten Sorgen ist man damit los, und der Eingriff ist für den Tierarzt, der sich auf Kleintiere spezialisiert hat, eine Routineoperation mit minimalem Risiko.

Ehrenklasse: Zwei unvergessene Sieger, im Alter hochgeschätzt und geehrt

So bedarf auch der alternde Airedale unserer ganz besonderen Zuwendung, die er durch seine Zugehörigkeit zur Familie, seine Zuneigung und nie erlahmende Fröhlichkeit so vielfach dankt, daß die Freude, die wir an ihm bis ins hohe Alter haben können, bei weitem überwiegt. Für unseren Airedale sind diese Jahre vielleicht die schönsten in seinem Leben.

Vielleicht sollte man in diesem Alter auch an einen zweiten Hund denken. Wenn ein Airedalewelpe ins Haus kommt, ist der ältere Hund meistens sehr begeistert. Er muß für uns natürlich immer der erste in der Rangordnung bleiben. Dann gibt es keine Schwierigkeiten. Der junge Hund lernt durch den älteren rasch und oft ohne unser Zutun all das, was er zum Zusammenleben mit uns wissen und können muß.

Und wenn eines Tages der Zeitpunkt gekommen ist, an dem wir unseren langjährigen Gefährten vom Tierarzt schmerzlos einschläfern lassen müssen, dann haben wir den jungen Hund um uns, und der Abschied wird vielleicht ein kleines bißchen leichter. Vergessen können wir ihn aber nie, den zuverlässigen, immer fröhlichen Freund, der uns ein Stück unseres Weges begleitet hat.

Ernährung

Die wildlebenden Ahnen unseres Hundes waren Jäger. Sie verzehrten ihre Beute mit Haut und Haar. Bevorzugte Leckerbissen waren die Innereien. Magen und Darm ihrer Beutetiere enthielten auch vorverdaute Pflanzen und wichtige Vitamine. Wölfe und Wildhunde fraßen also nicht nur Fleisch. Genauer wäre die Bezeichnung „Tierfresser". Aus Untersuchungen des Mageninhaltes wissen wir, daß darüber hinaus praktisch alles auf dem Speisezettel stand, was die Natur bot: Früchte, Samen und Gräser, Frösche und Schlangen, selbst Insekten wurden verzehrt. Nur so konnten der Hunger gestillt und genügend Vitamine und Mineralstoffe aufgenommen werden.

Angemessene artgemäße Nahrung hat der Hundehalter seinem Hund nach dem Tierschutzgesetz anzubieten. Unkenntnis und falsch verstandene Tierliebe können leicht zu Tierquälerei führen: Der Hund ist kein Resteverwerter. Mit Süßigkeiten ist ihm nicht gedient. Falsche Ernährung kann Fettsucht, innere Erkrankungen oder Hautkrankheiten verursachen. „Angemessen" ist nur eine gesunderhaltende Nahrung. Die Freßgewohnheiten der Wildtiere zeigen, wie das Futter zusammengesetzt sein muß:

Fleisch ist die Ernährungsgrundlage. Es enthält neben Salzen, Geschmacksstoffen und Vitaminen vor allem Eiweiß. Reines Muskelfleisch oder Herz kann ebenso wie ausschließlich minderwertige sehnige, häutige oder knorpelige Teile zu Verdauungsstörungen führen. „Artgemäß" ist eine aus leichter und schwerer verdaulichen Bestandteilen gemischte Fleischgrundlage. Dazu gehört auch tierisches Fett. Es dient als Energiequelle.

Pflanzen enthalten neben Eiweiß, Vitaminen und Mineralstoffen vor allem Stärke und Zucker. Diese Kohlehydrate liefern ebenfalls Energie. Sie muß aber bei den meisten Nährmitteln durch Erhitzung „aufgeschlossen", das heißt verdaulich gemacht werden. Für Sättigung, Darmfüllung und geregelte Verdauung sorgen unverdauliche Rohfasern, die vor allem in Rohkost, aber auch in Hundeflocken, weniger jedoch in gekochtem Reis enthalten sind. Ungesättigte Fettsäuren aus Pflanzenölen sind vor allem für gesunde Haut und glänzendes Fell wichtig.

Für den gesunden Hund ist eine Ergänzung der Fleischgrundlage durch aufgeschlossene rohfaserhaltige Pflanzenkost das richtige.

Eine vielseitig zusammengesetzte Nahrung enthält auch Vitamine. Das

Basko und Catja im Finale um den Besten der Rasse

sind Wirkstoffe, die für Stoffwechselprozesse wie Blutgerinnung, Nerven-funktion oder Infektabwehr benötigt werden, die der Körper jedoch selbst nicht produzieren kann. Mineralstoffe und Spurenelemente sind nicht nur für den Knochenbau, sondern auch für viele andere Stoffwechselprozesse unerläßlich.

Eine Wissenschaft für sich?

Erhaltungs- und Leistungsbedarf, Nährwerttabellen, Kalorien und Joule – das ist schon eine Wissenschaft für sich – beflügelt durch die Futtermittel-industrie. Bei allem Respekt wundert sich der Praktiker, daß trotz Unkenntnis und Fehlern früherer Zeiten die Spezies Haushund nicht längst ausgestorben ist. Zum besseren Verständnis genügen folgende Überlegungen: Der Körper des erwachsenen Hundes befindet sich in einem dauernden Umbau. Zur Erhaltung der Körpersubstanz sind daher Eiweißbausteine erforderlich, für die damit verbundenen Stoffwechselvor-gänge Energielieferanten, Vitamine und Mineralstoffe. Das Futter soll in

79

der Trockenmasse mindestens ein Drittel Eiweiß und fünf Prozent Fett und höchstens die Hälfte Kohlehydrate enthalten.

Welpen und Junghunde brauchen für ihr Wachstum mehr Nahrung als gleich schwere erwachsene Hunde: bis zum sechsten Monat etwa doppelt soviel und dann immerhin noch fünfzig Prozent mehr. Ihr Futter soll zu zwei Dritteln, später mindestens zur Hälfte aus Fleisch und anderen Eiweißstoffen bestehen.

Diese Richtwerte gelten nur bei normaler Belastung. Besondere Leistungen erfordern eine Zulage. Als Fleischfresser kann der Hund zwar auch aus Eiweiß Energie gewinnen, die Ausbeute ist jedoch gering (und teuer). Zugelegt werden daher kohlehydrathaltige Futtermittel. Erhaltungs- und Leistungsbedarf sind praktisch nicht zu trennen. Bei Dauerbelastung kann bis zu viermal mehr Energie als bei Ruhe verbraucht werden.

Die wichtigsten Grundregeln

Die Futterration kann nicht mit der Briefwaage abgemessen werden. Neben Alter und Leistung ist die individuelle Veranlagung des Hundes ausschlaggebend. Es gibt gute und schlechte Futterverwerter. Ein normal veranlagter, durchschnittlich beanspruchter erwachsener Airedale braucht täglich etwa 500 g Fleisch mit 200 g Flocken. Den gleichen Nährwert haben 1,0 kg Dosen-Vollnahrung oder 400 g Trockenfutter. Zusätzlich kann man zum kräftigen Kauen Kalbsknorpel, harte Hundekuchen, Trockenfisch oder ähnliches anbieten. Bei einem gesunden, gut ernährten Hund sollen die Rippen optisch nicht hervortreten, mit der flachen Hand aber noch fühlbar sein. So kann man „erfühlen", ob etwas Futter zugelegt oder abgezogen werden muß.

Junghunde können die tägliche Futtermenge unmöglich auf einmal aufnehmen. Eine Magenüberladung wäre die Folge. Knochen, Bänder und Gelenke würden zu stark belastet und bleibende Schäden davontragen. Immerhin braucht ein halberwachsener, etwa 20 kg schwerer Airedale bereits genausoviel Futter wie sein ausgewachsener Artgenosse. Die Ernährung der Welpen erfolgt zunächst genau so, wie der Züchter es gehandhabt und dem Käufer empfohlen hat. Umstellungsbedingte Verdauungsstörungen werden so vermieden. Dem Welpen wird die Eingewöhnung erleichtert.

Bis zum Abschluß des Zahnwechsels mit etwa sechs Monaten erhält der Junghund täglich drei, später bis zum Abschluß des Wachstums mit etwa eineinhalb Jahren zwei Mahlzeiten täglich. Der Junghund darf zunächst noch etwas „Babyspeck" haben. Er hilft, Krankheiten besser zu überstehen. Mangelernährung in der Jugend ist kaum wiedergutzumachen.

Fresser werden nicht geboren, sondern erzogen: Der erwachsene Hund erhält täglich eine Mahlzeit. Was in einer Viertelstunde nicht aufgefressen ist, gehört in den Mülleimer. Wichtig ist eine regelmäßige feste Futterzeit, weniger wichtig, ob dies morgens, mittags oder abends ist. Stets soll jedoch der Hund nach dem Fressen ruhen, so wie es auch Wildtiere nach ergiebigem Mahl zu tun pflegen. Bei „Sport und Spiel" besteht die Gefahr, daß sich ein gefüllter Magen verdreht – eine lebensgefährliche Situation.

Das Futter soll vielseitig sein, damit es alle benötigten Nährstoffe enthält. Der Hund braucht nicht unbedingt Geschmacksabwechslung. Er kann durchaus dauernd das gleiche Futter erhalten, wenn dies optimal zusammengesetzt ist, aber eine abwechslungsreiche Futterzusammenstellung senkt die Gefahr einer Fehlernährung.

Fertigfutter – sicher, bequem und preiswert

Die Vorurteile gegen Fertigfutter sind überholt. Es entspricht in Eiweißanteil und sonstigen Inhaltsstoffen den wissenschaftlichen Erkenntnissen. Durch moderne Konservierungsverfahren werden Vitamine weniger geschädigt als durch haushaltsübliches Kochen. Krankheitserreger im Fleisch werden bei der Herstellung abgetötet. Ein weiterer Vorteil ist die praktische Vorratshaltung. Auf Reisen ist Fertigfutter die einfachste Futterlösung. Es ist nicht teurer als selbstzubereitetes Futter. Gegen Fertigfutter gibt es eigentlich nur einen Einwand: Artgemäßerweise frißt der Hund Rohes, nicht aber Gekochtes.

Dosenfutter enthält reichlich Eiweiß. Das Etikett muß genau gelesen werden: „Vollnahrung" enthält bereits pflanzliche Futtermittel und ist futterfertig. Zu „Fleischnahrung" müssen noch Flocken, Reis oder Gemüse zugemischt werden. Als vermeintlicher Nachteil werden vielfach die großen Kotmengen nach Verfütterung von Dosenfutter empfunden. Sie sind Folge des Rohfaseranteils und der damit verbundenen guten Darmfüllung. Geschwächte kranke Hunde reagieren bei plötzlicher Umstellung auf Dosenfutter gelegentlich mit Durchfall.

Fertigfuttermischungen aus Trockenfleisch und Nährmitteln werden mit warmem Wasser oder Brühe dickbreiig angerührt – eine unproblematische Futterzubereitung.

Trockenfutter in Keks- oder Ringform und Hundekuchen enthalten fünfmal weniger Wasser als normal feuchtes Futter. In einem Extranapf muß daher unbedingt Wasser angeboten werden. 200 g Trockenfutter haben etwa den gleichen Nährwert wie eine 850-g-Dose Vollnahrung oder 400 g Fleisch und 125 g Flocken. Zusätzliche „Leckerlis" sind Dickmacher!

Fertigfutter ist meist nach dem Bedarf erwachsener Hunde zusammengestellt. Junghunde erhalten daher als Eiweißzulage zusätzlich Fleisch oder Milcherzeugnisse oder aber gleich ein spezielles Welpen- oder Junior-Fertigfutter.

Eigener Herd . . .

Schwieriger ist es, seinen Hund mit selbstzubereitetem Futter zu ernähren. **Fleisch** ist die Futtergrundlage: Rinderpansen und Blättermagen, Herz, Fleischabschnitte, Maulfleisch, Leberabschnitte, Schlund, Milz und Nieren sind ein fast vollwertiger Ersatz für das zu teure Muskelfleisch. Euter und Lunge sind nur bedingt und in kleinen Mengen geeignet. Besonders wertvoll ist „grüner" Pansen: Der rohe, ungereinigte Rindermagen enthält bereits vorverdaute Pflanzenteile und Vitamine, die aus den Pflanzen stammen oder im Pansen gebildet wurden. Haltbarer und weniger duftend ist der gereinigte und gebrühte „weiße" Pansen. Rohe Leber und rohe Milz haben eine abführende Wirkung und dürfen daher – je nach Kotbeschaffenheit – nur in kleinen Mengen zugegeben werden. **Geflügelinnereien und Schweinefleisch sollten stets gekocht werden.** Sie könnten sonst Durchfall verursachen oder die gefürchtete Aujeszkysche Krankheit übertragen. Die Fleischgrundlage sollte stets aus verschiedenen Bestandteilen bestehen. Bei einseitiger Zusammensetzung, zum Beispiel ausschließlich Pansen, können Eiweißbausteine fehlen, die der Hund braucht.

Andere Eiweißquellen können das Futter vervollständigen. Hunde mit gesunder Leber und Niere dürfen gelegentlich unverdorbenen Fisch, frei von harten Gräten, fressen. Junghunde bis zum sechsten Monat können täglich eine mit Milch hergestellte Mahlzeit erhalten. Bei älteren Junghunden muß Kuhmilch verdünnt werden. Erwachsene Hunde erhalten – wie in der Natur – keine Milch. Sie können den Milchzucker nicht verdauen. Der Darminhalt wird dadurch zu weich. Hauterkrankungen können die Folge sein. Besser als Kuhmilch sind Welpenmilch-Präparate, die auch von älteren Hunden vertragen werden. Auch rohes Eiklar kann der Hund nicht richtig verdauen. Rohes Eigelb ist dagegen vor allem für junge und kranke Hunde gesund und bekömmlich. Gekochte und gebratene Eier verträgt jeder Hund.

Viele Hunde mögen auch Magerquark – eine wertvolle Ergänzung hochwertigen Eiweißes – besonders für Junghunde. Käse ist entgegen Vorurteilen nicht schädlich. Käserinden, Wurstpellen, Geräuchertes und Gewürztes gehören aber nicht in den Hundenapf.

Einkaufsmöglichkeiten für Futterfleisch bieten Hundefutterhandlungen und Fleischereien sowie Zoogeschäfte und Supermärkte. Frisches Futterfleisch ist leicht verderblich und sollte auch bei Kühlung nicht länger als zwei Tage aufbewahrt werden, gekochtes hält sich ein bis zwei Tage länger. In der Gefriertruhe kann man Fleisch etwa drei Monate aufbewahren, zweckmäßigerweise in dicht schließenden Kunststoffbeuteln portionsweise verpackt.

Die Zubereitung des Futters erfordert nur geringen Aufwand. Da der Hund sein Futter nicht kaut, sondern schlingt, wird das Fleisch in maulgerechte Happen geschnitten, aber nicht wie Hackfleisch zerkleinert. Viele Hundefutterhändler nehmen dem Käufer diese Arbeit ab. Das frische oder aufgetaute Fleisch wird mit heißem Wasser angebrüht. So bleibt es innen roh, wird aber leicht erwärmt. Eiskaltes Futter ist Gift für den Hundemagen.

Als pflanzliche Ergänzung können gekochte Haferflocken, Graupen oder Reis zugegeben werden. Einfacher geht es mit „Hundeflocken", einem Gemisch getoasteter und daher verdaulicher Getreideerzeugnisse mit ausreichendem Rohfasergehalt. Zwei Maß Flocken werden einem Maß Fleisch mit warmem Wasser zugemischt. Das Futter soll dickbreiig, nie suppig sein. Junghunde erhalten Flocken und Fleisch zu gleichen Raumteilen. Von Fall zu Fall sollen die Flocken ganz oder teilweise durch Gemüse ersetzt werden, das mit einer Gabel zerdrückt wird. Es schadet nichts, wenn Essenreste leicht gesalzen sind. Der Hund braucht Kochsalz für eine einwandfreie Nierentätigkeit. Hülsenfrüchte und Kohl gehören allerdings nicht ins Hundefutter. Sie sind schwer verdaulich und verursachen Blähungen.

Rohkost, insbesondere fein zerkleinerte Möhren und Äpfel, sind eine sättigende und vitaminreiche Futterergänzung. Auch gehackte Petersilie oder Kresse und frische Obst- und Gemüsesäfte können das Vitaminangebot vervollständigen.

Zur Versorgung mit ungesättigten Fettsäuren – wichtig zum Beispiel für Haut und Haar – kann dem Futter täglich ein Teelöffel Pflanzenöl zugesetzt werden. Auch eine Scheibe Brot mit Pflanzenmargarine ist eine vorzügliche Ergänzung, insbesondere gut durchgebackenes Roggenbrot. Brot soll aber nie eingeweicht werden.

Für den Junghund ist eine ausreichende Vitamin-D-Versorgung zur Verhütung der Knochenweiche (Rachitis) besonders wichtig. Überdosierungen sind aber schädlich. Anstelle des Lebertrans sollten daher genau dosierbare Vitamin-D-Präparate nach tierärztlicher Verordnung gegeben werden. Bierhefe – Bestandteil vieler Hundeflocken – enthält auch B-Vitamine. Für den jungen Hund ist die Zufütterung von „Futterkalk" für Wachstum und Knochenbau unerläßlich. Aber auch der erwachsene Hund braucht eine Mineralstoffergänzung, weil selbstzubereitetes Futter nicht alle Stoffe in ausreichender Menge enthält. Speziell für den Bedarf des Hundes zusammengestellte Mittel sind oft besser und billiger als Kalktabletten für Menschen.

Knochen enthalten Mineralstoffe, sind aber schwer verdaulich und können hartnäckige Verstopfungen verursachen. Ihr Wert liegt vor allem in der Gebißpflege und der „Gymnastik" für die Kaumuskulatur. In Maßen können daher Hunde mit gesunden Zähnen Kalbs- oder Rinderknochen erhalten. Hundekuchen oder Kauknochen aus Büffelhaut erfüllen allerdings den gleichen Zweck. Ältere Tiere mit Verdauungsproblemen oder Zahnkrankheiten müssen auf Knochen verzichten. Harte Röhrenknochen, vor allem von Geflügel und Wild, können splittern und Darmverletzungen verursachen. Kotelettknochen können in der Speiseröhre steckenbleiben. Sie gehören in den Mülleimer.

Fastentage müssen wildlebende Fleischfresser oft einlegen. Für Hunde mit Übergewicht ist ein Fastentag in der Woche ein probates Mittel zum Abnehmen. An den übrigen Tagen darf er einmal täglich höchstens zwei Drittel der Normalration fressen. Die fettarme Fleischgrundlage wird mit nährstoffarmer gekochter Lunge gestreckt, und statt Flocken gibt es Weizenkleie und Rohkost. Einfacher, aber teurer ist Diät-Fertigfutter. Als Trostpflaster gibt es zwischendurch eine ganze rohe Möhre zum Knabbern.

Wasser, immer frisch und sauber, nie eiskalt, muß dem Hund ständig zur Verfügung stehen. Ein gesunder Hund trinkt zwar bei normal feuchtem Futter kaum, muß aber doch bei Hitze, nach Anstrengungen oder zu bestimmtem Futter seinen Durst löschen können. Ständig stark vermehrter Durst ohne erkennbaren Grund ist ein Krankheitszeichen.

Patentrezepte

Fragt man zehn Hundeexperten, erhält man sicher wenigstens neun „bewährte, für die Rasse einzig richtige" Ernährungsanleitungen, von denen acht völlig richtig sind. Trotz aller Erfahrung und wissenschaftlicher Akribie gibt es gottlob viele Möglichkeiten, seinen Hund artgemäß und ausreichend zu ernähren. Man muß nur die angeführten Ernährungsregeln mit etwas Verständnis beachten – sei es mit Fertigfutter, sei es mit einem eigenen, auf Haushalt, Hund und Geldbeutel abgestellten Spezialrezept, sei es auch mit beidem.

Gesundheit

Vorbeugen ist besser als Heilen

Artgerechte Haltung, Pflege und Ernährung sind Voraussetzungen für die Gesundheit. Das seelische Wohlbefinden des Hundes ist so wichtig wie das körperliche. Der gesunde Hund nimmt aufmerksam und lebhaft Anteil an seiner Umgebung. Er ist kräftig und ausdauernd. In der Ruhe atmet er 10- bis 20mal, das Herz schlägt 70- bis 100mal in der Minute. Die Körpertemperatur liegt um 38,5 °C. Gesundheit ist mehr als „Freisein von Krankheiten", sie schließt Widerstandskraft gegen Infektionen ein. Für den Airedaleterrier wichtige Gesichtspunkte sollte man beachten: Der Zahnwechsel erfolgt im Alter zwischen drei und sechs Monaten. Das Größenwachstum (meßbar in der Schulterhöhe) ist etwa mit einem Jahr abgeschlossen, die vollständige körperliche Entwicklung dauert jedoch etwa bis zu zwei Jahren.

Wie bei den meisten großen Hunderassen ist die durchschnittliche Lebenserwartung nicht so hoch wie bei kleinen Hunden, sie liegt bei zehn bis zwölf Jahren – Ausnahmen bestätigen auch hier die Regel.

Airedaleterrier leiden unter Hitze. Bei noch sommerlichen Temperaturen sollte man ihnen keine Anstrengungen zumuten, für schattige, kühle Ruheplätze sorgen und ausgedehnte Spaziergänge lieber in die Morgen- und Abendstunden verlegen.

Haarkleid und Haut sind nicht nur Schutz gegen die Unbill des Wetters. Stumpfes Haar und Haarausfall, unabhängig vom normalen Haarwechsel, deuten auf innere Erkrankungen und Stoffwechselstörungen hin. Die Haut soll frei von Schuppen und Rötungen sein, kein Juckreiz plagt den Hund.

Flöhe, Läuse und Haarlinge kann auch der gepflegteste Hund von einer Hundebegegnung mitbringen. Bei Juckreiz werden als erstes die Haut auf Flohstiche – bis zu linsengroße, geschwollene Rötungen – und das Fell auf Parasitenkot – kleine schwarze Pünktchen – abgesucht. Lieblingssitze der ungebetenen Gäste sind die Innenflächen der Hinterbeine, die „Achselhöhlen" und die Ohrmuscheln. Bei leichtem Befall genügt ein Flohpuder oder -spray. Wirksamer sind Waschlösungen, die das Fell bis auf die Haut benetzen, oder verschreibungspflichtige Mittel, die auf die Haut getropft werden und bis zu vier Wochen wirken. Das Ablecken solcher Mittel muß aber unbedingt verhindert werden. „Anti-Floh-Halsbänder" geben bis zu vier Monaten gas- oder puderförmige Wirkstoffe ab. In Hundehütten können bei einigen Halsbändern Giftgaskonzentrationen auftreten, die auch für den Hund bedenklich sind. Manche Halsbänder verlieren zudem durch Nässe an Wirksamkeit. Bei Flohbefall muß immer das Lager des Hundes mitbehandelt werden. Moderne Spezialmittel töten dabei nicht nur „erwachsene" Flöhe, sondern stoppen auch die weitere Entwicklung der Flohlarven. Hundedecken werden am besten ausgekocht, Teppiche regelmäßig gesaugt und Stroh in der Hütte gewechselt.

Zecken lassen sich aus dem Gebüsch auf den Hund fallen, beißen sich in der Haut fest und saugen sich mit Blut voll. Sie sehen dann wie prallgefüllte graubraune bis zu kirschkerngroße Säckchen aus. Je länger sie saugen, desto größer ist in bestimmten verseuchten Gegenden die Gefahr, daß eine für Hunde gefährliche Infektionskrankheit, die Borreliose, übertragen wird. Deshalb sollen Zecken so rasch wie möglich entfernt werden. Sie dürfen aber nicht einfach ausgerissen werden, weil dabei die Beißwerkzeuge in der Haut steckenbleiben und Entzündungen verursachen können. Am besten erfaßt man die Zecke mit einer Spezialpinzette und hebelt sie drehend aus der Haut heraus. Man kann sie aber auch mit Alkohol, „Desinsektspray" oder in Öl eingehüllt, betäuben und dann herausdrehen, sofern sie nicht innerhalb einer halben Stunde abgefallen ist. Inzwischen gibt es, allerdings nur beim Tierarzt, ein Anti-Zecken- und -Flohhalsband, das den Befall mit Zecken weitgehend und das Blutsaugen sicher verhindert.

Die Ohren sollten nur bei Bedarf gereinigt werden. Mit Wattestäbchen kann man das Trommelfell zwar kaum verletzen, das Ohrenschmalz aber in der Tiefe zusammenstopfen. Besser ist ein alkoholischer Ohrreiniger, der randvoll ins Ohr eingegossen und bei zugedrückter Ohrmuschel durchmassiert wird. Das gelöste Ohrenschmalz wird mit einem dicken Wattebausch aufgefangen, oder der Hund kann es selbst ausschütteln, vorzugsweise im Freien. Dunkle, übelriechende Beläge im Ohr zeigen eine Entzündung an. Meist wird der Hund dann auch am Ohr oder – scheinbar – am Halsband kratzen und den Kopf schütteln. Ursache des „Ohrenzwanges" können Ohrenmilben, Grasgrannen oder andere Fremdkörper sowie Bakterien und Pilze sein. Wenn zwei- bis dreimalige gründliche Reinigung mit dem Ohrreiniger keine Besserung bringt, ist eine gezielte Behandlung erforderlich.

Die Augen werden mit einem Stückchen Mullbinde oder einem Taschentuch vom „Schlaf" gereinigt. Fusseln von Watte oder Papiertaschentüchern reizen die Schleimhäute. Bindehautentzündungen können auch durch Zugluft, Staub oder starke Sonne verursacht werden. Zur Linderung werden Augentropfen in den heruntergezogenen Bindehautsack geträufelt. Borwasser wird heute nicht mehr verwendet, weil feine Kristalle als

Ehemalige DDR-Siegerin Biggi v. Morgenstern

Fremdkörper wirken können. Länger andauernder wäßriger, schleimiger oder eitriger Augenausfluß sollte nicht mit Hausmitteln kuriert werden. Es könnte eine Infektion vorliegen. Wucherungen auf der Rückseite der Nickhaut müssen meist operativ behandelt werden. Das angeborene Entropium, eine Einstülpung des Lidrands nach innen mit erheblicher Reizung der Hornhaut, tritt beim Airedale nur noch selten auf. Auch hier hilft nur ein operativer Eingriff.

Die Zähne werden durch Hundekuchen oder Knochen ausreichend gereinigt. Auch die Tortur des Zähneputzens kann Zahnstein nicht verhindern. Zur Entfernung weicher Beläge eignet sich am ehesten ein Wattebausch, getränkt mit dreiprozentiger Wasserstoffsuperoxydlösung. Zahnstein ist ein fest anhaftender brauner Belag aus verhärteten Salzen. Fauliger Mundgeruch durch Zahnfleischentzündungen und -vereiterungen sowie Zahn-

87

ausfall sind die Folge. Zahnstein sollte frühzeitig fachkundig entfernt werden. Lose Zähne müssen gezogen werden. Da der Hund keine Beute jagen, festhalten oder zerreißen muß, kann er auf schmerzende Zähne gut verzichten. Nach Entfernung der Eiterherde wird er sich auch allgemein wohler fühlen, denn sie können den Körper vergiften und zum Beispiel chronische Herzklappenentzündungen auslösen.

Die Analbeutel sollen eigentlich bei jedem Kotabsatz eine individuelle Duftmarke zur Revierkennzeichnung hinterlassen. Infolge der Domestikation funktioniert die Entleerung häufig nicht richtig. Sekretstauungen sind die Folge. Den Juckreiz versucht der Hund vergeblich durch Rutschen auf dem After zu beseitigen. Dieses „Schlittenfahren" ist entgegen landläufiger Vermutung fast nie auf Wurmbefall zurückzuführen. Stark gefüllte Analbeutel müssen fachkundig ausgedrückt, vereiterte müssen tierärztlich behandelt werden.

Die Krallen werden bei regelmäßiger Bewegung auf festem Untergrund ausreichend abgelaufen. Nur bei krankhaftem Hornwachstum oder Stellungsfehlern müssen sie geschnitten werden. Dabei soll die in der Kralle verlaufende Ader nicht verletzt werden.

Erste Hilfe tut not

Hautverletzungen müssen genau inspiziert werden. Oberflächliche Abschürfungen und Schrunden können mit Hausmitteln behandelt werden. Auf jeden Fall werden im Bereich der Verletzungen die Haare mit einer gebogenen Schere kurz abgeschnitten. Sie verkleben sonst mit dem Wundsekret; Vereiterung ist die Folge. Die Wunde wird mit Wundgel, -spray oder -tinktur behandelt. Fetthaltige Salben behindern den heilungsfördernden Luftzutritt, Puder verkrustet.

Bei tieferen Wunden mit Durchtrennung der Haut sollte umgehend ein Tierarzt hinzugezogen werden. Bei Beißereien und Stacheldrahtverletzungen wird die Haut oft vom Körper losgerissen, so daß tiefe Taschen entstehen. Haare und Schmutz in der Tiefe der Wunden müssen, soweit möglich, entfernt werden. Der Tierarzt prüft, ob eine „offene Wundbehandlung" oder eine Naht besser ist. Nur frische Wunden können mit Aussicht auf komplikationslose Heilung genäht werden.

Eine offene, aus der Tiefe nässende oder eiternde Wunde darf der Hund belecken. In allen anderen Fällen wird die Wundheilung behindert, weil die zarten Heilungszellen am Wundrand gestört werden. Das Belecken von Wunden und das Abreißen von Verbänden können durch einen Halskragen verhindert werden. Aus einem passenden Plastikeimer wird der Boden herausgeschnitten. Die Schnittkanten werden abgepolstert, an

Der junge Hund zeigt an seiner Umwelt Interesse und macht seine eigenen Erfahrungen

vier Stellen durchlöchert und mit Bindfäden versehen, die am Lederhalsband festgebunden werden. Einfacher, aber teurer sind fertige Halskragen vom Tierarzt.

Wundstarrkrampf ist beim Hund selten. Vorbeugende Impfungen sind daher nicht üblich, besonders bei tiefen verschmutzten Wunden kann aber eine vorsorgliche Tetanusbehandlung erfolgen. Zur Vorbeuge sollen Wunden ausbluten und nicht luftdicht abgedeckt werden. Wenn größere Adern verletzt sind, kommt es zu andauernden, starken Blutungen. Häufig tritt Blut im Strahl aus. Dann muß zur Ersten Hilfe ein Druckverband angelegt werden. An ungünstigen Körperstellen wie am Kopf kann auch von Hand eine Kompresse aufgedrückt werden. Gliedmaßen können abgebunden werden, die Abbindung muß aber viertelstündlich kurz gelöst werden. In solchen Fällen ist stets umgehend tierärztliche Hilfe erforderlich.

Unfälle können auch zu inneren Verletzungen und Gehirnerschütterungen führen. Bei Bewußtseinstrübungen darf nie Flüssigkeit eingeflößt werden. Die Maulschleimhaut kann aber mit Kaffee, Tee oder auch einfach mit Wasser befeuchtet werden. Der Hund wird seitlich mit tiefliegendem Kopf und herausgezogener Zunge auf eine Decke gelagert, die, von zwei Personen an den Ecken strammgezogen, auch als „Tragbahre" dient. Am

Unfallort sind meistens die Diagnose und vor allem eine wirksame Schock-behandlung erschwert. Telefonisch sollte zur Vermeidung unnötiger Wege und Zeiten ein dienstbereiter Tierarzt verständigt und umgehend aufgesucht werden.

Lahmheiten können viele Ursachen haben. Als erstes wird die Pfote untersucht. Dornen oder Splitter werden ausgezogen. Verfilzte Haare drücken zwischen den Ballen wie ein Stein im Schuh; sie werden daher vorsichtig ausgeschnitten. Wunde Stellen werden wie Hautverletzungen behandelt. Im Winter müssen Streusalzreste von den Pfoten abgewaschen werden. Bei Krallenbettentzündungen können warme Kamillen- oder Seifenbäder Linderung bringen. Lose Krallenteile werden an der Bruchstelle beherzt abgeschnitten. In vielen Fällen ist ein Verband erforderlich. Er muß fachkundig angelegt werden, um Druckstellen zu vermeiden.

Bei Schwellungen, Prellungen und Verstauchungen kann das Fell des betroffenen Körperteils mehrmals täglich mit kaltem Wasser durchnäßt werden. Das wirkt wie ein Kühlverband, lindert den Schmerz und hemmt – frühzeitig angewendet – weitere Schwellungen. Wenn ein Bein überhaupt nicht belastet wird, besteht Verdacht auf Knochenbruch. Bei stark abnormer Beweglichkeit kann die Gliedmaße durch eine Notschiene ruhiggestellt werden. Ein feuchtes Tuch, zwei ausreichend lange Stöcke und Binden oder Leukoplast genügen fürs erste. Die benachbarten Gelenke müssen mit fixiert werden.

Andauernde, wiederkehrende oder sich verschlimmernde Bewegungsstörungen sind stets ein Fall für den Tierarzt. Bei Junghunden können schmerzhafte Knochenauftreibungen zu Lahmheiten führen. Ältere Hunde leiden oft unter chronischen Gelenkentzündungen. Die Hüftgelenksdysplasie (HD) ist erblich bedingt: Eine Abflachung der Gelenkpfanne begünstigt Arthrosen und Verrenkungen. Im Alter können auch die Rückenwirbel knöcherne Brücken bilden (Spondylose). Dadurch werden die Nerven eingeklemmt. Zunehmende Nachhandschwäche bis hin zur Lähmung ist die Folge. Seltener wird das Humpeln auf einem Hinterbein durch eine Ausrenkung der Kniescheibe oder durch Riß von Bändern bedingt, die operativ fixiert werden müssen.

Vergiftungen sind meist „Unglücksfälle" und nur selten böse Absicht. Rattengift kann bei unsachgemäßem Auslegen direkt, aber auch mit vergifteten Nagetieren aufgenommen werden. Meist handelt es sich um Cumarinpräparate, die zu inneren Blutungen führen. Vorsicht ist auch bei Schädlings- und Unkrautbekämpfungs- sowie bei Frostschutzmitteln geboten. Hochgiftige Thallium-, Zinkphosphid- und Arsenzubereitungen, Blausäure und Strychnin sind heute gottlob kaum noch erhältlich. Die besten Überlebenschancen bestehen, wenn man „nach frischer Tat" das

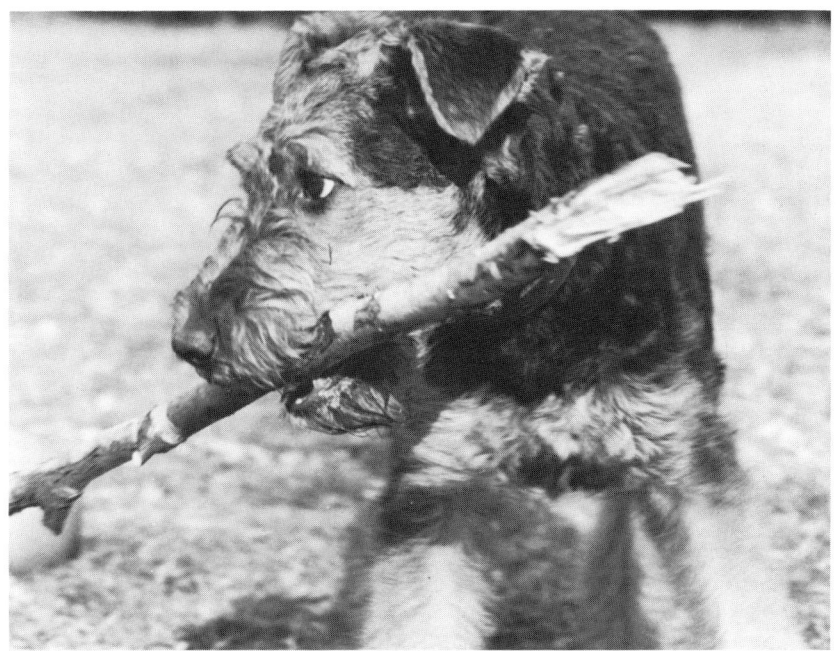

Ausgelassenes Spiel im Welpenalter

Gift wieder aus dem Magen herausbefördern kann. Der Tierarzt kann Erbrechen durch eine Spritze auslösen, der Laie durch Eingeben von zwei oder drei Teelöffeln Salz.

Nach dem Erbrechen kann eine Aufschwemmung von etwa zehn Kohlekompretten eingeflößt werden. Milch wird nicht gegeben, weil verschiedene Gifte fettlöslich sind. Etwa vorhandene Hinweise auf die Art des Giftes ermöglichen eine rechtzeitige, gezielte tierärztliche Behandlung. Ungewisser sind die Aussichten, wenn Vergiftungsfolgen wie Krämpfe, Mattigkeit oder Brechdurchfall schon eingetreten sind, die Ursache aber nur vermutet werden kann. Eine genaue Diagnose ist oft erst durch Spätschäden wie Blutungen oder Haarausfall möglich. Dann kann es für eine Rettung bereits zu spät sein.

Durchfall ohne Fieber bessert sich häufig nach einem Fastentag: Der Hund erhält ausschließlich stark verdünnten Tee mit einer Prise Salz, aber ohne Zucker. Zur Geschmacksverbesserung ist Süßstoff erlaubt. Zusätzlich ist es nie verkehrt, eine Aufschwemmung von Kohlekompretten einzugeben.

91

Keinesfalls darf Durchfall mit Wasserentzug „behandelt" werden; der Körper würde zu stark austrocknen. Am zweiten Tag erhält der Hund in kleinen Portionen ein Diätfutter, zum Beispiel Beefsteakhack, Schmelzflocken und rohen geriebenen Apfel. Am dritten Tag muß der Kot zumindest wieder dickbreiig sein.

Verstopfungen lassen sich oft durch rohe Leber oder Milz oder einige Teelöffel süßer Dosenmilch beheben. Bei krampfhaft vergeblichem Drängen kann ein Mikroklistier Erfolg bringen. Bei einer Verhärtung von Knochenteilen im Enddarm hilft allerdings meist nur ein fachgerechter Einlauf.

Erbrechen ist keine selbständige Krankheit. Einmaliges Erbrechen kann durch zu hastiges Fressen, zu kaltes Futter oder Aufnahme von Fremdkörpern ausgelöst werden. Gelegentliches Erbrechen ist beim Hund ohne große Bedeutung. Um zu erbrechen, frißt der Hund häufig Gras. Geschieht dies regelmäßig oder wird ständig das Futter erbrochen, muß ein Tierarzt hinzugezogen werden. Auch Durchfall und Erbrechen mit Fieber sind kein Fall für Hausmittel.

Scheinschwangerschaft tritt bei manchen Hündinnen etwa acht Wochen nach der Läufigkeit auf. Sie sind unruhig, „bemuttern" irgendwelche Gegenstände, fressen schlecht und erbrechen gelegentlich. Das Gesäuge schwillt, Milch bildet sich. Abhilfe schafft häufig wenig Fressen und Trinken bei viel Bewegung und Beschäftigung. Das Gesäuge kann mehrmals täglich mit kaltem Wasser befeuchtet werden, um Schwellung und Milchproduktion zu hemmen. Keineswegs soll die Milch ausgedrückt werden. Damit würde nur die weitere Milchbildung angeregt. Bei sehr starker Gesäugeschwellung und trotz Hausmitteln nicht nachlassenden Erscheinungen muß der Tierarzt verständigt werden.

Insektenstiche, vor allem durch das Schnappen nach Wespen und Bienen verursacht, können schnell zu erheblichen Schwellungen am Kopf oder, noch schlimmer, im Rachen führen. Äußerliche Kühlung mit Eiswürfeln und eine Tablette gegen Allergie ersparen oft nicht die möglichst rasche tierärztliche Behandlung.

Alarmzeichen

Fieber ist eine Abwehrreaktion des Körpers, meist auf Infektionen. Die Hundenase kann auch beim kranken Hund feucht und kühl sein. Die Temperatur muß mit einem Fieberthermometer, je nach Bauart bis zu fünf Minuten, im Mastdarm gemessen werden. Sie darf nicht über 39 °C liegen. Untertemperaturen unter 37,5 °C entstehen infolge einer Reduzierung der Stoffwechselvorgänge häufig vor dem Tod.

Husten, als ob ein Knochen im Hals säße, tritt bei Mandelentzündungen auf. Ernstere Infektionen wie Zwingerhusten oder gar Staupe könnten dann vorliegen. Pumpende Atmung entsteht durch eine Lungenentzündung, aber auch durch Wasseransammlung in der Lunge, zum Beispiel infolge von Vergiftungen. Bei alten Hunden kann der damit verbundene Husten auch auf eine Herzschwäche zurückzuführen sein. Bauchpressen und Aufblasen der Backen sind Zeichen höchster Atemnot.

Schleimhäute im Auge und im Fang geben Hinweis auf innere Erkrankungen: Blässe deutet auf Blutarmut hin, Gelbfärbung auf Leberschäden mit Gelbsucht, Blutungen auf schwere Infektionen oder Vergiftungen, eine bläuliche Färbung tritt bei Herz- und Kreislaufschwäche auf.

Kot und Urin mit Blutbeimengungen lassen schwerwiegende krankhafte Veränderungen erkennen. Bei Blutungen im Magen und in den vorderen Darmabschnitten kann der Stuhl durch das verdaute Blut pechschwarz aussehen. Nierenerkrankungen können auch mit erhöhtem Durst verbunden sein. Wenn Mattigkeit und Mundgeruch hinzukommen, ist meist bereits eine Harnvergiftung eingetreten. Harnsteine, Blasenriß oder Vergiftungen können dazu führen, daß überhaupt kein Urin mehr abgesetzt wird; dann besteht höchste Gefahr. Geschwülste, Prostatavergrößerungen und Mastdarmveränderungen erschweren den Kotabsatz. Verhärtete Knochenteile können den Enddarm völlig verstopfen. Erbrechen und zunehmende Mattigkeit bei fehlendem Kotabsatz sprechen für Darmverschluß oder einen Fremdkörper im Darm.

Speicheln wird im harmlosesten Fall durch Fremdkörper in der Maulhöhle oder durch lose Zähne verursacht, bedenklicher wäre eine E-605-Vergiftung oder Pseudowut, schlimmstenfalls ist an Tollwut zu denken.

Umfangsvermehrungen des Bauches bei sonst normalem Ernährungszustand oder zunehmende Abmagerung können durch Tumore oder Bauchhöhlenwasser hervorgerufen werden. Bei einer Gebärmuttervereiterung besteht gleichzeitig fast immer starker Durst, gelegentlich auch Scheidenausfluß. Eine plötzliche Aufblähung des Bauches mit Kolik und Kreislaufschwäche, bedingt durch eine Magendrehung, erfordert unverzügliche Operation. Eine Entzündung der Kaumuskeln mit Schwellung und Verhärtung sowie hervortretenden Augäpfeln muß sofort tierärztlich behandelt werden.

Infektionen bedrohen die Gesundheit

Staupe und ansteckende Leberentzündung (Hepatitis) sind Viruskrankheiten, die für Junghunde besonders gefährlich sind, aber auch ältere Hunde befallen. Staupe beginnt mit einem häufig kaum merkbaren, kurzen Fieber, dem nach etwa acht Tagen eine schwere Lungenentzündung mit eitrigem Augen- und Nasenausfluß oder ein Durchfall folgt. Eine besondere Verlaufsform ist mit einer Verhärtung der Ballen verbunden. Nach scheinbarer Besserung treten nervöse Erscheinungen bis hin zu Krämpfen auf, die meistens zum Tod führen. Nach überstandener Staupe bleibt häufig ein nervöses Zucken der Kopfmuskeln, der „Staupetick", nach Erkrankungen im Junghundalter das „Staupegebiß" mit erheblichen Zahnschmelzdefekten zurück.

Die ansteckende Leberentzündung verläuft ähnlich, mit hohem Fieber, Apathie und Appetitlosigkeit, Hornhauttrübungen können bleibende Folgeschäden sein.

Stuttgarter Hundeseuche (Leptospirose) wird durch Bakterien verursacht und von Hund zu Hund übertragen. Sie beginnt häufig mit einer Schwäche in den Hinterbeinen. Geschwüre im Maul, Magen und Darm sind mit aasartig-faulem Maulgeruch und blutigem Durchfall verbunden.

Tollwut tritt bei Hunden nur noch selten auf. Die Seuche wird vor allem durch Füchse übertragen. Hinweisschilder warnen in gefährdeten Gebieten vor Tollwut. Die Krankheit ist besonders tückisch: Die typischen Wuterscheinungen wie heiseres Gebell, Wasserscheue, Unruhe und unmotivierte Beißwut fehlen häufig. Die „stille Wut" ist im Anfangsstadium schwer zu erkennen. Ein erkranktes Tier stirbt immer.

Parvovirose ist eine Viruskrankheit, die sich bei Hunden aller Altersgruppen in schweren, durch Erbrechen und Durchfall gekennzeichneten Erkrankungen äußert. Bei Welpen kann plötzlicher Herztod auftreten. Der Erreger ähnelt dem Katzenseuchevirus; eine wechselseitige Ansteckung zwischen Hund und Katze ist jedoch nicht möglich. Die Ansteckung erfolgt über Ausscheidungen von Hund zu Hund, aber auch durch Verschleppung angetrockneter Ausscheidungen, z. B. an Kleidungsstücken.

Impfungen schützen vor diesen Infektionskrankheiten

Welpen in gefährdeten Zuchten oder ungeimpfte Hunde mit verdächtigen Krankheitserscheinungen können mit einem Serum behandelt werden, das fertige spezifische Abwehrstoffe enthält. Diese „passive Immunisierung" schützt aber nur für zwei bis drei Wochen. Der Käufer eines Hundes sollte den Impfpaß daraufhin genau prüfen.

Länger dauernden Schutz vermittelt nur die „aktive" Schutzimpfung. Dabei werden abgeschwächte oder abgetötete Infektionserreger eingeimpft. Der Körper reagiert darauf mit der Bildung eigener Abwehrstoffe. Bei den heute üblichen Kombinationsstoffen kennzeichnen die Buchstaben S, H, L, T und P die Wirksamkeit gegen die in Frage kommenden

Seuchen. Welpen werden entsprechend mit sieben bis acht Wochen das erste Mal geimpft und müssen dann mit zwölf Wochen nachgeimpft werden. Bei älteren Hunden genügt eine einmalige Grundimmunisierung.

Der einmal gebildete Impfschutz baut sich im Laufe der Zeit ab. Kommt der Hund mit entsprechenden Seuchenerregern in Berührung, so wird die Antikörperbildung aufgefrischt. Ist der Impfschutz aber bereits zu stark abgesunken, kann der Hund erkranken. Deshalb sind Auffrischungsimpfungen im Abstand von ein bis zwei Jahren erforderlich.

Ein sicherer Impfschutz des Hundes ist auch für den Menschen wichtig. Erkrankte Hunde können Leptospiren übertragen, die beim Menschen das „Canicola-Fieber" oder die „Weilsche Krankheit" hervorrufen. Hundetollwut ist wegen des engen Kontaktes für Menschen viel gefährlicher als Wildtollwut. Geimpfte Hunde übertragen keine Tollwut. Nach Kontakt mit verdächtigem Wild brauchen sie deshalb auch nicht getötet zu werden, wie dies für ungeimpfte Hunde gesetzlich vorgeschrieben ist. Schließlich können sie auf Auslandsreisen mitgenommen werden.

Gegen andere Infektionen schützt Vorsicht

Toxoplasmose wird durch einzellige Schmarotzer hervorgerufen. Ihr Stammwirt ist die Katze. Bei anderen Tieren werden ansteckungsfähige Dauerformen gebildet. Hunde erkranken überwiegend durch infiziertes Schweinefleisch. Für die Ansteckung des Menschen wurden sie früher zu Unrecht verantwortlich gemacht.

Aujeszkysche Krankheit wird ebenfalls durch Schweinefleisch übertragen. Unstillbarer Juckreiz, Unruhe, Ängstlichkeit und Speichelfluß haben gewisse Ähnlichkeit mit Tollwut. Die Krankheit wird daher auch „Pseudowut" genannt. Schweinefleisch und in der Zusammensetzung unbekannte Fleischmischungen (zum Beispiel aus Supermärkten) müssen deshalb gut durchgekocht werden. Fertigfutter und Rindfleisch sind dagegen unbedenklich.

Zwingerhusten tritt vor allem in Tierheimen und Hundehandlungen auf. Unter begünstigenden Umständen lösen Viren und Bakterien gemeinsam Entzündungen von Luftröhre und Bronchien aus. Kennzeichnend ist ein kurzer, trockener Husten. Sekundärinfektionen können den Krankheitsverlauf verschlimmern. Einen gesunden Hund kauft man mit größerer Wahrscheinlichkeit beim Züchter. Während des Urlaubs sollte man seinen Hund nicht in unbekannte Heime oder Pensionen geben oder ihn vorsorglich auch gegen Zwingerhusten impfen lassen.

Twen – gelungene Synthese englischer und deutscher Blutlinien

Wurmkuren gegen unerwünschte Kostgänger

Spulwürmer können bei Junghunden zu Verdauungs- und Entwicklungs-störungen, zu Vergiftungserscheinungen und sogar zum Tod führen. Fast alle Welpen werden im Mutterleib mit Spulwürmern infiziert. Die ersten Wurmkuren soll schon der Züchter durchführen. Junghunde werden vier-teljährlich entwurmt. Ältere Hunde beherbergen nur noch einzelne Wür-mer. Sie richten zwar keinen großen Schaden an, sind aber eine ständige Infektionsquelle. Hündinnen sollten zumindest sechs Wochen nach jeder Läufigkeit, Rüden wenigstens einmal jährlich entwurmt werden. Bei fest-gestelltem Wurmbefall ist eine sofortige Entwurmung mit einer Wiederho-lungsbehandlung nach zwei bis drei Wochen erforderlich. Rohe Möhren garantieren keine Wurmfreiheit. Wirksame und verträgliche Mittel sind verschreibungspflichtig. Sie wirken auch gegen andere Rundwurmarten, zum Beispiel gegen Hakenwürmer.

Spulwürmer sind auf ihre Wirtstierarten spezialisiert; wenn der Mensch Hundespulwurmeier aufnimmt, schlüpfen zwar Larven und beginnen ihre Wanderung im Körper, sie bleiben jedoch in Organen oder Muskeln stecken und können dort schmerzhafte Entzündungen verursachen. Besonders gefährdet sind „Krabbelkinder". Wurmkuren dienen daher auch dem Gesundheitsschutz der Familie. Auf Kinderspielplätzen haben Hunde nichts zu suchen.

. . . aufmerksam
und gelehrig

Bandwürmer brauchen für ihre Entwicklung stets einen Zwischenwirt. Für den Hundebandwurm ist dies der Floh. Er nimmt die Wurmeier auf, aus denen sich eine Finne entwickelt. Der Hund „knackt" den Floh – die Finne wächst im Hundedarm zum fertigen Bandwurm aus. Mit dem Kot erscheinen nach geraumer Zeit einzelne kürbiskernförmige, anfangs noch bewegliche Bandwurmglieder oder ein längeres, deutlich gegliedertes Wurmende. Es gibt heute neben speziellen Spulwurm- und Bandwurmmitteln auch Präparate, die gegen beide Parasitenformen wirksam und dabei gut verträglich sind. Empfehlenswert ist eine systematische vierteljährliche Wurmbehandlung des Hundes.

Besonders bei Jagdhunden kann auch der „gesägte Bandwurm" auftreten, dessen Zwischenwirte Hasen und Kaninchen sind. Andere Bandwurmarten, die durch Fisch oder Wild, Rinder- oder Schafeingeweide übertragen werden, kommen seltener vor. Dazu zählt der „dreigliedrige Bandwurm", der auch dem Menschen gefährlich werden kann. Der Hund sollte zur Vorbeuge keine rohen „Konfiskat"-Innereien erhalten und daran gehindert werden, Kadaver von Wildtieren anzufressen. Für Menschen besonders gefährlich ist der vor allem in einigen Gegenden Mittel- und Süddeutschlands verbreitete „Fuchsbandwurm", der auch durch Hunde übertragen werden kann. Neben regelmäßigen Bandwurmkuren ist es die beste Vorbeuge, den Hund in Wald und Flur anzuleinen. 97

Ungleiche Spielkameraden

Gefahren für die menschliche Gesundheit?

Impfungen und Wurmkuren schränken Ansteckungsgefahren ein. Hygiene tut ein übriges: Selbstverständlich hat der Hund sein eigenes Lager und Futtergeschirr; beides ist peinlich sauber. Rasen und Wege werden von Hundekot freigehalten. Der Hund wird so erzogen, daß er das Gesicht nicht ableckt. Das Belecken der Hände ist Ausdruck seiner Zuneigung. Man darf sie dulden, denn man kann sich die Hände anschließend waschen. Vorsichtige können Lager, Hütte und andere hygienegefährdete Stellen und Gegenstände regelmäßig desinfizieren. Die Mittel sollen gegen Viren, Bakterien und Pilze wirken. Zur Schnelldesinfektion eignet sich ein „Desinfektspray", der auch Ektoparasiten abtötet. Besonders angezeigt sind solche Maßnahmen, wenn der Hund eiternde Wunden, Ekzeme, Furunkel oder eine Vorhaut-, Zahnfleisch- oder Mandelentzündung hat. Diese Infektionen sind konsequent zu behandeln. Eitererreger können auch beim Menschen Komplikationen verursachen. Vorsicht ist stets bei schlecht heilenden oder sich ausbreitenden Ekzemen geboten: Räudemilben sind zwar auf Tierarten „spezialisiert", können jedoch auch beim

Menschen juckende Hautrötungen verursachen. Hautpilzinfektionen sind auf Menschen übertragbar. Daher sollte man umgehend eine Spezialuntersuchung und Behandlung veranlassen. Pilzinfektionen entstehen beim Menschen in der Regel nur, wenn sich die Erreger länger als 12 bis 24 Stunden auf der Haut einnisten können. Gründliches Waschen bannt die Gefahr. Zusätzliche Sicherheit bietet ein Handdesinfektionsmittel, das nach Berührung verdächtiger Stellen oder Ausscheidungen in die Hände eingerieben wird.

Allergien sind auch durch größte Sauberkeit nicht immer zu vermeiden. Einige Menschen reagieren bei Kontakt mit Tierhaaren und -hautteilen mit Ausschlägen oder Atembeschwerden. Katzen, Meerschweinchen und Vögel sind viel öfter als Hunde die Auslöser; viele andere pflanzliche und tierische Stoffe kommen hinzu. Die Allergieursache kann von einem Hautarzt durch Spezialtests auf der Haut ermittelt werden. Auf Verdacht braucht also kein Hund abgeschafft zu werden. Und vor der Anschaffung eines Airedales brauchen auch gesundheitsbewußte Hundefreunde nicht zurückzuschrecken.

Anhang

Was hat sich in den Jahren seit Erscheinen der letzten Auflage des „Airedaleterrier" zugetragen? Da gibt es einiges Interessantes, das ich Ihnen gern berichten möchte.

Die Airedaleterrier-Züchter in Deutschland arbeiten sehr verantwortungsbewußt und im Sinn der Zuchtbestimmungen des Klubs für Terrier (KFT). Durch persönlichen Einsatz der Züchter und gezielte Zuchtwahl war es möglich, z. B. die bei allen großen Hunderassen auftretende Veränderung der Hüftgelenke (HD) auf ein Minimum zu reduzieren und die Rasse gesund zu erhalten. Das ist allerdings auch weiterhin nur möglich, wenn die Züchter bei jeder Planung eines Wurfes die Vorfahren anhand der Ahnentafeln der Elterntiere sehr sorgfältig auf das Vorkommen von HD überprüfen.

Je mehr Vorfahren eines Hundes frei von HD sind, um so größer ist die Wahrscheinlichkeit, daß die Nachkommen gesund sind. Zur sorgfältigen Zuchtlenkung gehört darüber hinaus eine möglichst vollständige Überprüfung der Nachzucht. Dazu braucht der Züchter das Verständnis und die

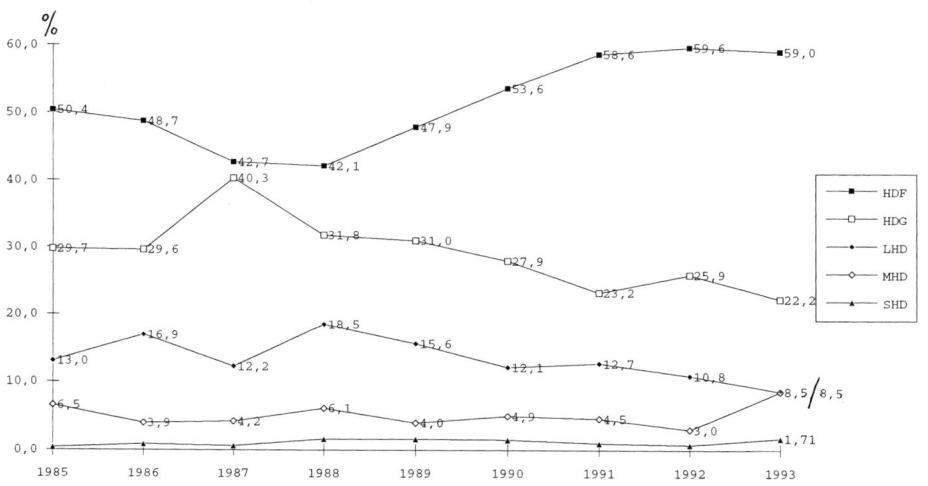

100   *HD-Kurve der untersuchten Airedaleterrier (Stand: 18. 8. 1994)*

Mitarbeit des Besitzers. Also bitte jeden Junghund mit ein bis zwei Jahren röntgen lassen, damit Besitzer und Züchter wissen, ob der junge Airedale HD-gesund ist.

Durch Einkreuzung neuer Blutlinien aus den USA, aus den osteuropäischen Ländern und nicht zuletzt aus den neuen Bundesländern haben die Züchter einerseits ein gewisses Risiko auf sich genommen, andererseits aber auch sehr große Erfolge erzielt. Aus diesen Verbindungen sind in den letzten Jahren die erfolgreichsten Hunde im Ausstellungsgeschehen und im Leistungssport hervorgegangen.

King Luis vom Blasiusberg, Züchter und Besitzer Familie Bill, Dornburg. King Luis gewann 1994 als bester der Rasse die Europa-Siegerzucht-Schau in Dortmund, die Welt-Siegerzucht-Schau in Bern und die Jubiläums-Siegerzucht-Schau in Kassel, anläßlich der 100-Jahr-Feier des Klubs für Terrier von 1894

Insbesondere der Einfluß der Airedaleterrier-Zucht in den USA hat in den letzten Jahren deutlich an Bedeutung gewonnen. Die importierten Zuchtrüden Ch. MJ's Stone Rich Chosen One und Ch. Seneca Stony Stone Brandid haben durch ihre Nachzucht bewiesen, wie richtig die Entscheidung war, diese Rüden für einige Zeit nach Deutschland zu holen. Unser besonderer Dank gilt deshalb den Züchtern in den USA, die uns diesen Transfer ermöglicht haben.

Ch. MJ's Stone Rich Chosen One, USA

Ch. Seneca Stony Stone Brandit, USA

Und Nachwuchs aus dem Zwinger von der Locher Mühle:

Fair Wind v. d. Locher Mühle, Klubsiegerin 1994

Quite Classy v. d. Locher Mühle, Klubjugendsieger 1994

Nach wie vor haben Airedaleterrier bei wichtigen Aufgaben wie z. B. im Katastrophenschutz, als Blindenhunde, als Jagdgebrauchshunde sowie im Hundesport (Schutzhundprüfung I, II, III, Begleithundprüfung, Fährtenhundprüfung und Agility) Hervorragendes geleistet.

Ch. Gandhy v. d. Weinhütte, 1987–1992: viermal Klubleistungssieger mit seiner Züchterin u. Führerin Jutta Weintritt, Hamburg

Das bedeutet, daß der Airedale ein wesensfester, umgänglicher und freudig arbeitender Begleiter ist, der bei richtiger Anleitung bereit und in der Lage ist, Erstaunliches zu leisten. Es bedeutet aber auch, daß zunehmend die Besitzer Freude daran haben, mit ihrem Hund zu arbeiten und ihre Freizeit gemeinsam mit ihm zu verbringen.

Für unsere jugendlichen Airedalefreunde gibt es seit einigen Jahren eine besondere Möglichkeit, um an den Zuchtschauen aktiv teilzunehmen: das Juniorhandling.

Dabei geht es darum, einen beliebigen Ausstellungshund so gekonnt wie möglich vorzustellen. Für die ersten Plazierungen gibt es außer schönen Urkunden und Preisen Punkte, die gesammelt werden.

Die Kinder mit den höchsten Punktzahlen nehmen am Jahresende an der Endausscheidung teil.

Steve mit Gypsy Golden Girl beim Juniorhandling

Der Sieger oder die Siegerin reisen nach London und stellen sich dort dem internationalen Wettbewerb aller Jugendlichen aus verschiedenen Ländern.

Damit wird nicht nur das Verständnis der Jugend für den Hundesport, sondern ganz besonders für einen fairen, sportlichen Wettkampf auf internationaler Ebene gefördert.

Es gibt also viele Möglichkeiten, sich mit dem Airedale zu beschäftigen, die hoffentlich vielen gemeinsamen Jahre sinnvoll zu nutzen und so schön wie möglich zu gestalten.

Was aus Ihrem Airedalewelpen wird, entscheiden Sie weitgehend selbst, und dafür wünsche ich Ihnen eine glückliche Hand.

Dr. Christa von Bardeleben

105

Anschriften, die Sie kennen sollten

Bundesrepublik Deutschland

Klub für Terrier e. V. (KFT)
Postfach 13 28
65442 Kelsterbach/Main

**Verband für das
Deutsche Hundewesen e. V. (VDH)**
Westfalendamm 174
44141 Dortmund

Österreich

**Airedale-Terrier-Spezialclub,
Sitz Wien**
Josef Max
Sobieskigasse 33
A-1090 Wien

Schweiz

**Schweizerischer Airedale-Terrier-
Klub im SKG**
Roland Schenk
Lätti 411
CH-3053 Münchenbuchsee

Niederlande

Airedale Terrier Club Nederlande
F. X. van Leeuwen
Watertuin 69
NL-3648 GB Wilnis

Literatur

ANDREAS, K.:	Gerechte Jagdhundschulung. BVL München 1978.
BODINGBAUER:	Wesensanalyse für Junghunde. Oertel u. Sp., Reutlingen 1968.
BROWN EDWARDS, GLADYS:	The new Complete Airedale.
BURNS, M.; FRASER, M:	Die Vererbung des Hundes. Oertel u. Sp., Reutlingen 1968.
KLINKENBERG, T.:	Hundeerziehung ohne Zwang. Neumann, N., Melsungen 1985.
KOLBE, A.:	Der Airedale-Terrier. Franckh, Stuttgart 1983.
LEE, R. B.:	Modern Dogs, The Airedale 1894.
LEEUWEN, F. X. VAN:	Der Airedale-Terrier.
MEYER, H.:	Ernährung des Hundes. Ulmer, Stuttgart 1983.
MOST, K.:	Die Abrichtung des Hundes. Individuell und ohne Strafen unter besonderer Berücksichtigung des Dienst- und Gebrauchshundes. Kynos Verlag, Mürlenbach 1987.
MÜLLER, M.:	Vom Welpen zum idealen Schutzhund. Oertel u. Sp., Reutlingen 1988.
PALMER, J.:	Die schönsten Rassehunde in Farbe.
PFAFFENBERGER:	The Knowledge of Dog Behaviour.
RÄBER, H.:	Brevier neuzeitlicher Hundezucht. Haupt, Bern 1984.
STREBEIGH/CRESDY:	Your Airedale.

Weiterführende Literatur aus dem Verlag Paul Parey, Hamburg

BEYERSDORF, P., 1993:	Dein Hund auf Ausstellungen. 2. Auflage.
BURTZIK, P., 1993:	Erziehung und Ausbildung des Hundes. 4. Auflage.
FIEDELMEIER, L., 1983:	Kauf, Pflege und Fütterung des Hundes. 3. Auflage.
KOBER, U.; PEPER, W., 1995:	Pareys Hundebuch. 2. Auflage.
POORTVLIET, R., 1987:	Mein Hundebuch. 2. Auflage.
QUEDNAU, F., 1987:	Rechtskunde für Hundehalter.
SCHMIDTKE, H.-O., 1984:	Gesundheitsfibel für Hunde. 2. Auflage.
WEIDT, H., 1993:	Der Hund, mit dem wir leben: Verhalten und Wesen. 2. Auflage.